KB252651

# 운을 부르는 말과 행동 50

운을 부르는
말과 행동
**50**

초　판 1쇄 발행 | 2015년 2월 1일
초　판 2쇄 발행 | 2016년 9월 19일

지은이 | 이상헌
이메일 | injoyworld@hanmail.net

펴낸이 | 김명숙
펴낸곳 | 나무발전소
디자인 | 이명재
등　록 | 2009년 5월 8일(제313-2009-98호)
주　소 | 서울시 마포구 합정동 358-3 서정빌딩 7층
이메일 | tpowerstation@hanmail.net
전　화 | 02)333-1962
팩　스 | 02)333-1961

ISBN  979-11-951640-7-3  13320

책 값은 뒷표지에 있습니다.
잘못된 책은 바꾸어 드립니다.

이 도서의 국립중앙도서관 출판예정도서목록(CIP)은 서지정보유통지원시스템 홈페이지(http://seoji.nl.go.kr)와 국가
자료공동목록시스템(http://www.nl.go.kr/kolisnet)에서 이용하실 수 있습니다.　(CIP제어번호 : CIP2015000250)

원하는 것을 끌어당기는 운 경영법

# 운을 부르는 말과 행동 50

이상헌 지음

# 행운의 문을 열면서

케이블 채널 XTM에 〈벙커〉라는 프로그램이 있다. 자동차 전문가들이 폐차(?) 수준의 차를 매입한 다음 완벽하게 복원하여 경매에 붙이는데, 이는 신차 가격보다 더 높은 가격에 낙찰되기도 한다. 외관만 아니라 최신 부품을 장착해 성능까지 높여 감동을 안겨 주는데 그 감동을 느끼려고 수백 명의 입찰자가 몰려든다. 해외에서도 자동차 마니아들은 100여 년 전 차를 상상을 초월하는 가격에 매입한다. 워낙 관리가 잘되어 당장 차를 끌고 시내를 달릴 수도 있다. 고종 황제가 탔던 자동차는 중요한 행사 때 공개되는데 이것 역시 새 차다.

　압구정은 성형의 거리다. 지하철 벽면은 성형 전, 성형 후의 사진들로 채워져 사진 전시회장 같다. 마술처럼 변신한 것을 보면 많은 비용과 수술의 고통, 부작용까지 감내하면서 성형외과 병원에 줄을 설 수밖에 없다. 비호감 탓에 사회생활이 힘든 사람을 찾아 완벽한 미인을 만드는 TV 프로그램도 있다. 수술 후 회복하는 동안 거울을 보지 못하게 하고 가족 면회도 엄격히 규제한다. 그후 회복하면 스튜디오에 나오는데 어머니를 초청하여 많은 미인 중에서 자기 자식을 찾게 하지만 아무리 엄마라도 머리부터 발끝까지 변한 자식을 알아보기 힘든 것은 당연하다.

　빌 게이츠는 말했다.
　"젊어서 고생하는 것은 내 탓이 아니지만 나이 들어 고생하는 것은 자신의 탓이다."

　에이브러험 링컨은 말했다.
　"사람은 40세가 되면 자기 얼굴에 책임을 져라."

　관상의 바이블 〈마의상서麻衣相書〉를 저술한 마의 선생도 말했다.
　"좋은 상은 웃는 상이고 나쁜 상은 화내는 상이다."

　세상에 나쁜 운을 타고난 사람은 없다. 〈벙커〉에서 폐차 직전의 차를 새차로 복원하고 압구정에서 마녀(?)를 미녀로 변신시키듯 자신의 마음 바탕을 복원하고 성형하면 전화위복이 된다. 이 책에는 그러한 사례들이 무수히 들어 있다.

숙명은 어쩔 수 없다고 해도 운명은 마음만 먹으면 바꾸는 것이 어렵지 않다. 이제 반찬만 골라 먹지 말고 마음도 골라 먹어야 한다. 사람은 누구나 위대한 존재로 태어난다. 그 사실을 자각한다면 어두운 밤이 지나가고 찬란한 아침을 맞이할 수 있다.

내가 아는 한 사람 얘기를 간단히 해보자.

이름은 홍광표
세계일보 입사 1번

그는 영등포구에 살면서 정년 퇴직할 때까지 18년 반을 세계일보에 근무했는데, 한강대교를 건너며 출퇴근할 때마다 한강의 수중고혼과 2km 상류에 위치한 현충원의 호국영령을 위해 기도를 했다. 기도의 횟수로 따져봐도 줄잡아 1만 회가 넘는다. 언론사는 다른 직장에 비해 더 바쁜데도 휴일에는 부하직원들과 함께 중증장애인 시설에 가서 목욕시키기, 옷 갈아입히기, 밥 먹이기 등 봉사활동을 했다. 어떤 성직자도 이만큼 봉사와 기도를 한 사람은 찾아보기 힘들다.


운을 부르는 말과 행동 50

정년 후에 너나없이 재취업을 하려고 애쓰는데, 그도 재취업이 될 듯하면서 3년이나 끌다가 끝나버렸다. 그런데 갑자기 세계일보에서 그를 2인자로 영입한 것이다. 이런 사례는 어디에서도 본 적이 없다. 이것이 바로 운이다. 좋은 운을 만드는 방법은 어렵지 않지만 행동으로 옮기는 것은 쉬운 일이 아니다.

작은 일에 감사하는 모습은 그 사람을 돋보이게 한다. 왜냐하면 그런 사람이 극히 드물기 때문이다. 모두가 좋은 것을 알지만 실천하지 않는 것을 하기 때문에 행운의 주인공이 되는 것이다.

이제 당신도 행운의 주인공이다.

2016년
이 상 헌

# 운,
# 끌어당김의 법칙

# 천운이 있다면 천벌도 있다

천운이 있다면 천벌도 있다. 그래야 공평하다. 남에게 기껏 잘 해주고 사기를 당하거나 손실을 보는 경우 가슴을 치지만, 가슴을 쳐야 할 사람은 피해자가 아니라 가해자다. 자기가 남에게 해를 끼친 이상의 고통이 돌아오기 때문이다.

강서구에서 3,000억대의 부동산 재벌이 시의원의 사주를 받은 모 씨에 의해 살해당한 뉴스를 모르는 사람이 없다. 그 부동산 재벌과 형님 동생 하며 가까운 사이였던 시의원이 왜 그를 죽이려고 했는가는 둘째 문제다. 1970년대 MBC TV의 인기 드라마 〈수사반장〉은 최중락 총경의 실화를 바탕으로 만든 수사 드라마다. 최중락 총경은 기쁨세상 초창기에 많은 도움을 주셨는데, 그가 이런 말을 한 적이 있다.

"죽은 사람을 조사해 보면 죽은 사람이 죽을 짓을 한 경우가 있습니다."

매스컴에서 운전기사였던 피해자 송씨가 어떻게 부동산 재벌이 되었는가를 다뤘다. 처가 쪽 집안인 한 재일교포가 한국에 부동산 투자를 했는데 송씨 명의로 했다는 것이다. 그후 재일교포가 세상을 떠나고 그 유가족이 재산명도 소송을 했는데, 어찌된 영문인지 송씨가 승소하여 부를 이루게 되었다. 기껏 송씨를 믿고 투자했다가 전 재산을 날린 당사자나 유가족의 원한이 얼마나 컸을까 상상이 간다. 이런 것을 보면 외상이나 공짜가 없다는 생각이 든다.

한때 기업체에서 기공(氣功) 교육으로 이름을 날린 홍태수 교수는 월남 참전 용사인데, 다음의 내용은 그에게서 들은 얘기다.

"저와 같은 부대에서 근무한 B상병은 성질이 포악했습니다. 우리가 철조망 안에서 근무하고 있을 때 베트남 노점상들이 물건을 사라고 철조망 밖에서 소리를 치고 있었죠. 그 중에 임신하여 해산달이 가까워 보이는 베트남 여인이 눈에 띄자 B상병이 임신부를 쏴 죽이겠다는 겁니다. 모두 말렸지만 방아쇠를 당기자 그녀는 비명을 지르면서 공중에 튀어올랐다가 떨어져 죽었습니다.

그후 제대를 하고 몇 년이 지났습니다. B씨는 신학교를 나와 목사가 되었습니다. 그런데 아무리 열심히 해도 교회가 안 돼 고전을 하는 중에 부인의 해산이 임박하여 친정으로 가기 위해 기차를 탔답니다. 그런데 갑자기 부인이 일어나 비명을 지르면서 기차 밖으로 뛰어내려 죽었답니다. 그것을 본 순간 B목사는 자기가 쏴 죽인 베트남 여인이 떠올랐답니다. 그후 B목사는 홍천강에 뛰어들어 자살을 했습니다."

 우리가 살면서 복을 지을 기회는 얼마든지 있다. 알고 했든 모르고 했든 내가 한 것이 나에게 돌아오게 마련이다.



운을 부르는 말과 행동 50

# 뜻이 좋아야 길이 열린다

살다 보면 누구나 넘어질 때가 있다. 그러나 넘어짐이 실패가 아니라 일어나지 않음이 실패다. 어차피 넘어질 거라면 일찍 넘어지는 것도 나쁜 일은 아니다. 일찍 넘어짐은 조기교육이다. 나는 한 살 때 먹어서는 안 될 양잿물을 먹고 죽다가 살아났다. 나는 그후 먹어도 되는 것과 먹어서는 안 될 것을 깨우쳤다. 먹어서는 안 될 3개를 들으라면 양잿물과 뇌물과 욕이다. 알고 먹었건 모르고 먹었건 언제나 화가 따른다.

기쁨세상 회원이기도 한 강성관 씨는 42세 총각이다. 모두 그를 훌륭하다고 칭찬한다. 인물도 훤하고 심성도 좋고 효자인데다가 모든 일에 헌신적이다. 게다가 먹을 것과 아닌 것도 분명히 안다. 그러나 그는 길을 잘못 들어 10여 년을 헤매게 되었다. 대학을 나왔지만 취업이 안 돼 고민하고 있을 때 달콤한 소리가 들려왔다.

"○○를 가면 쉽게 돈 번다더라. 강남 ○○를 가봐라."

이렇게 해서 첫발을 디딘 것이 잘못이었다. 결국 몇 군데 전전하다 보니 빚은 빚대로 늘어나 신용불량자가 되고 더 이상 뛸 수 있는 여력도 없어졌다.

그는 자기 때문에 피해 입은 사람들에게 보상하기 위해 강남을 떠나 영남의 막노동 판에서 4년 동안 인부들과 함께 먹고 자며 돈을 모아 빚을 다 갚았다. 그러면서도 항상 책을 읽으며 힘이 되는 책은 사서 주위 사람에게 선물하며 희망을 갖게 했다. 그가 나의 책 중에 다량 구입하여 주위 사람들에게 우송한 책은 〈희망 콘서트〉, 〈알짜들의 성공법칙 9〉, 〈흥하는 말씨 망하는 말투〉, 〈하루 5분 인생 수업〉, 〈하루 5분 부자 수업〉 등이다. 다 같이 희망을 가지고 잘 살자는 뜻이 담겨 있는 책들이다.

오래전에 기쁨축제를 하는 날 강성관 씨에게서 전화가 왔다.
"오늘 몇 명이 모입니까?"
"50명 정도?"
"임진강에 와 있는데 강둑에 냉이가 잔뜩 있어요. 냉이를 캐다가 참석자들에게 나눠 주려고 합니다."

그는 산타처럼 큰 자루에 냉이를 가득 담아 달려와 나눠 주기도 했다. 그가 빚을 다 갚고 나자 그다음에는 어떻게 하는 것이 좋겠느냐고 묻는다.

"십 몇 년은 허송세월이 아니라 수련 기간이었다. 이제 마무리로 현충원 1년 봉사를 해라. 나라를 위해 목숨을 바쳤지만 사람들은 별 관심이 없다. 정성껏 명복을 빌어줘라."

강성관 씨는 새벽마다 물통과 걸레를 들고 가서 얼룩과 먼지로 범벅이 된 현충원 비석을 닦으며 나라와 민족을 지킨 호국영령을 위로하고, 낮에는 이대와 건대 앞에 있는 선글라스와 안경테 가게를 운영한다. 안경은 어두운 세상을 밝게 보고 선글라스는 눈을 보호한다. 세상을 제대로 보게 하기 위한 아이템인데 시중 안경점에서 5만~10만 원짜리를 여기서는 1만 원에 판다. 대학생들과 외국인 관광객이 주고객인데 장사가 잘된다.

어느 정도 기반이 잡히자 행복발전소라는 출판사를 냈다. 좌절에 빠진 현대인에게 꿈과 희망을 주는 책을 펴내기 위해서다. 그는 이제 행복발전소에서 책을 구입한 사람들의 인연을 평생 가족으로 힘을 실어줄

계획을 세우고 있다.

　뜻이 좋으면 하늘이 돕는다. 그것은 하늘이 원하는 일을 하는 것이기 때문이다.


운을 부르는 말과 행동 50

# 웃는 예수를 아십니까?

　　　　홍준표 화백은 교회 갈 때마다 죄송스러웠다. 살인범도 형기를 채우면 석방되는데 예수님은 무슨 죄를 지었길래 2,000여 년간 십자가에 못 박혀 고통을 받으시나 하고 생각을 하다 보니 그 고통이 온몸에 전해왔다. 그 시절은 예수 박해시대였지만 지금은 예수 영광시대다. 그렇다면 나라도 이분을 해방시켜 드려야겠다는 생각을 하고 하루에 5시간씩 '당신의 참모습을 보여주세요.' 하며 기도를 했다. 마침내 1,000일 만에 웃는 예수가 현신했다. 꿈인가 생시인가 하며 무릎을 꼬집어봤지만 틀림없는 현실이었다. 그는 감동의 눈물을 흘리면서 허공을 향해 "하나님 감사합니다. 감사합니다." 하며 예를 표하자 주위 사람들은 정신병원에 가보라는 말을 했다. 하지만 그는 웃어넘기며 자기 눈으로 본 예수를 캔버스에 옮겨 〈웃는 예수〉라는 초상화를 그렸다.

홍준표 화백은 대학에서 미술을 전공했고 대기업에 입사했다. 그러다 간부로 일하면서 '이게 아닌데….' 하는 생각이 들자 모두가 부러워하던 좋은 자리를 박차고 나왔다. 이후 출판사를 차려 책을 100권이나 펴냈지만 만드는 책마다 팔리지 않아 결국 도산하고 말았다. 그는 아내의 강권에 못 이겨 이혼 도장을 찍어야 했다. 오갈 데가 없는 그는 치매 걸린 노부모를 모시고 수발하면서 부모님이 잠든 새벽에 그림을 그려 생활비를 벌었다. 그러나 무명화가다 보니 입에 풀칠할 정도의 수입밖에 되지 않았다. 부모의 질병과 경제적인 고통으로 견디기 힘든 고난을 겪는 와중에 〈웃는 예수〉가 탄생하자 자신의 실패와 고난은 모두 뜻이 있었음을 깨달았다. 모든 여건이 좋았더라면 〈웃는 예수〉는 탄생하지 않았을지도 모른다.

"십자가는 죄수를 죽이는 형틀이지 은혜와 축복의 상징은 아닙니다. 더구나 이런 고통 속에 힘들어하는 분에게 나는 죄인입니다. '은혜 주세요, 복 주세요, 소원성취하게 해주세요.' 하는 것은 파렴치한 행동이라는 생각이 듭니다. '아버지, 아버지' 하지만 자기 아버지가 형틀에 매달려 있다면 그대로 보고 있겠습니까?"

초창기에는 예수의 이미지를 강력하게 전달하기 위해 그렇게 했을 수는 있다. 그러나 시대에 걸맞은 이미지가 나와야 한다. 처음에 누군가가

처참한 예수를 그렸고, 다음 사람은 그대로 그려왔기 때문에 변하지 않은 것이라는 생각이 든다. 예수라고 생전에 호쾌하게 웃는 날이 왜 없었겠는가도 생각해야 한다. 광화문의 세종대왕상이나 지폐에 그려진 세종대왕은 항상 온화한 미소를 짓고 있다. 화가, 조각가가 그렇게 만든 것이다.

〈호감의 법칙〉을 쓴 프랑크 나우만은 "세상을 움직이는 힘은 돈, 권력, 지위가 아니라 호감이다."라고 말했다. 잘 웃는 사람이 사람들을 끌어당긴다. 찡그린 미녀보다 활짝 웃는 할머니가 훨씬 아름답게 느껴진다.

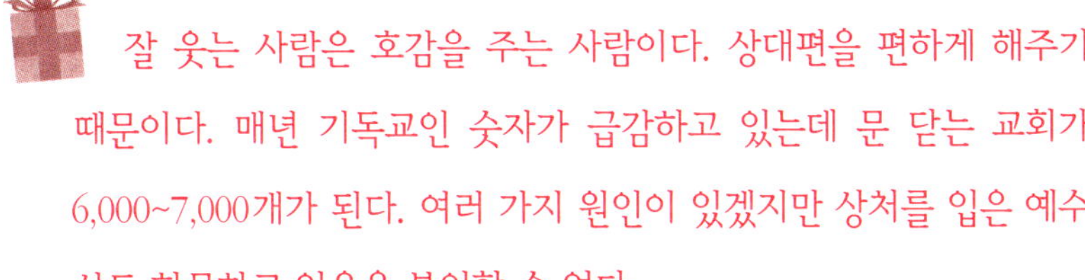

잘 웃는 사람은 호감을 주는 사람이다. 상대편을 편하게 해주기 때문이다. 매년 기독교인 숫자가 급감하고 있는데 문 닫는 교회가 6,000~7,000개가 된다. 여러 가지 원인이 있겠지만 상처를 입은 예수상도 한몫하고 있음을 부인할 수 없다.

중병에 걸린 어느 목사님이 소문을 듣고 〈웃는 예수〉 초상을 구입하여 자기 방에 걸어놓은 다음날 내게 전화를 했다.

"아침에 깨어나 보니 예수님이 저를 보고 웃고 계셨어요. 얼마나 은혜로운지 전날까지 거의 식사를 못 했는데 한 그릇을 다 비웠습니다."

소문이 SNS를 통해 세계로 퍼져나가다 보니 외국에서도 구매 요청이 들어온다. 〈웃는 예수〉를 상표권 등록까지 마친 홍준표 화백도 이제 예수 영광시대의 주역으로 부상하고 있다. 올해에는 상복도 터져서 제11회 대한민국통일문화제 미술대상, 제4회 대한민국성공대상을 수상했다. 예수의 고통을 치유해 드린 그에게 천운이 도래한 것은 당연한 일이다.


운을 부르는 말과 행동 50

# 이웃을 위했는가?

두루마리 휴지 가운데 '잘 풀리는 집'은 집들이 선물 중 1등 효자 품목이다. 잘 풀리고 싶은 욕망은 누구나 있어 말만 들어도 기분이 좋아진다. 그래서 '잘 풀리는 집'은 덕담 중에도 좋은 덕담이다. 선물하는 사람도 휴지를 전달하며 "술술 잘 풀리세요." 하고 한마디를 하게 마련인데, 이럴 경우 누이 좋고 매부 좋다. 서로가 기분이 좋아지는 것이다.

기분 좋게 하는 사람은 하는 일마다 잘 풀리는데, 이는 우연이 아니라 필연적인 일들이다. 여러 해 전에 영화배우 김정은을 모델로 BC카드에서 "부~자 되세요~"라는 CF가 방송되어 보는 사람마다 즐거워했다. 바로 그해 김정은 씨는 상상을 초월하는 수익을 올렸다. 남을 위함이 나를 위하는 일이다. 마음속으로 매달 점검해야 할 것이 몇 가지 있다.

이웃을 위했는가?

자신이 몸담은 직장을 위했는가?

내 나라를 위했는가?

이 네 가지에서 모두 그렇다고 한다면 천운은 나에게 돌아온다.

홍대 앞에서 패션 안경점 '더쿤'을 운영하는 홍석훈 씨는 얼핏 보면 성룡처럼 느껴진다. 성룡의 친동생이라고 해도 믿을 만큼 많이 닮은 그는 인정이 많기로 소문이 났다. 항상 자기보다 남을 배려하는 성격이다 보니 손해를 스스로 감수한다. 그렇다고 손해 봤다고 화를 내거나 누구를 원망하지도 않는다.

요즘 주위에 일자리가 없어 힘들어하는 젊은이들이 많다. 그는 어떻게 해서든지 한 사람이라도 더 일자리를 만들어주려고 애를 쓴다. 돈도 자기보다는 먼저 어려운 사람을 위해 쓴다. 자신은 언제나 희생양이 되기를 자처한다. 그러다 보니 그는 언제나 풍요 속에 빈곤을 겪어야 했다.

처음 가게를 계약했을 때다. 잔금 날까지 남에게 빌려준 돈이 회수되지 않자 낭패를 보게 되어 집 근처에 있는 놀이터에 앉아 이 생각 저 생각 하는데 모래 사이에서 뭔가 반짝 빛나는 것이 보였다. 달려가서 꺼내 보니 줄이 끊어진 롤렉스 금장 시계가 모래 틈에 묻혀 있었다. 많은 사람들이 놀이터를 이용하면서도 몰라본 것이다. 동대문시장에서 시계방을 하는 친구에게 전화를 걸었더니 가져와 보라고 해 달려갔다. 친구에게 시계를 보여주었더니 400만 원을 쥐어주어 가까스로 계약을 마쳤다고 한다. 그것이 오늘날 부의 바탕이 된 것이다.

또 한 번은 그가 제기동에 갔다가 급한 볼일을 보고 공중화장실에서 나오는데 뭔가 발에 채였다. 신문에 싸인 뭉치였는데 뜯어보니 현금 다발과 주민등록증이 들어 있었다. 집에 가지고 와서 아버지에게 보여드렸더니 놀랍게도 돈다발의 주인은 아버지의 절친한 친구라는 것이다. 아버지의 전화를 받은 친구가 한걸음에 달려왔는데 약국을 돌며 월말 수금을 한 돈이라며 사색이 되었던 얼굴이 환하게 폈다. 만일 그 돈을 찾지 못했으면 자기 집을 팔아야 할 처지였던 것이다.

홍석훈 씨에게는 이런 일이 비일비재로 일어난다. 얼마 전 친구들과 백운산 등반을 마치고 내려오는데 잎이 다섯 개인 풀이 눈에 들어왔다. 일행들은 보지 못하고 지나친 곳에서 그는 산삼을 캤는데 일행 중에 한 사람이 자기에게 달라고 해서 별 생각 없이 주었다.

"저는 산삼을 캐는 즐거움을 맛보고 친구는 부모 건강을 챙길 수 있
어 누이 좋고 매부 좋다는 속담이 떠올랐습니다."

운은 배려하는 마음을 가진 사람에게 주어진다.

# 눈에 띄어야 운도 열린다

불황일수록 창조적인 아이디어가 필요하다. 아이디어 하면 자동차다. 2만 5,000개의 부품으로 조립된 자동차는 출고한 날부터 중고차가 된다. 중고차는 성능과 관계없이 하루가 다르게 값이 하락하여 새 차가 나오면 사람들이 몰려든다. 중고차는 사용하지 않아도 저절로 값이 하락해 헐값이 되는 것이다. 헐값에라도 팔지 않으면 재고가 되기 때문이다.

양복은 더하다. 새 양복 한 벌에 70만~80만 원 하던 것이 안 팔린 것을 모아 10만 원에 팔고, 그래도 안 팔린 물건은 1만 원 균일 상품으로 내놓는다. 그래도 남는 것은 땡처리를 한다. 한두 벌도 아니고 수만 벌 재고가 쌓였다면 회사의 미래는 불투명하다.

지난 얘기지만 H출판사에서 내 책을 주로 만들 때 자주 가서 교육도 시키고 자문도 해주었다. 그러던 어느날 사장 친구가 털모자와 털장갑을 잔뜩 가지고 와서 필요한 사람은 가져가라는 것이다. 재고는 많은데 안 팔려 부도나게 되었다는 것이다.

"시장에 이런 물건 파는 가게가 많나요?"
"남대문만 해도 수백 개가 넘어요."
"걱정 마십시오. 있는 물건 다 팔 수 있습니다."
"떨이요?"
"왜 떨이를 합니까? 제 값보다 더 받아야지요."

나는 어떤 물건이건 예사롭게 보지 않는다. 뭔가 재미있고 색다르면 손님을 끌 수가 있다. 나는 대학 다닐 때 내가 직접 옷을 디자인해서 입었는데 나만의 옷을 입기 위해서다. 그렇다고 특별하게 튀는 것은 아니고 조금만 변형시키면 된다.

"아이들은 동물을 좋아하지요. 토끼 · 닭 · 돼지 · 원숭이 · 소의 특징을 모자에 붙여보세요."

그렇게 해서 팔았더니 대박이 났는데 다른 사람들은 시간이 촉박하여 흉내내지 못했다는 것이다. 눈에 띄는 물건이 나오면 남들도 순식간에 흉내내어 만들어 경쟁력을 잃는다. 그해 겨울이 다 가기 전에 우리 부부는 호텔에 초청받아 식사를 대접받고 금일봉까지 받았다.

'취업' 하면 대학 때 읽었던 앙드레 지드의 소설 〈좁은 문〉이 떠오른다. 200만 명이 넘는 취업준비생들이 이력서를 내고 혹시나 하고 기대하지만 감감무소식이다. 시험이나 면접까지 통과한 사람은 그래도 당락을 떠나 행운아다. 수천 수만 통의 이력서 중에 눈에 띄었기 때문이다. 기업 쪽에서도 많은 이력서를 다 읽을 수는 없는 일이어서 눈에 띄는 것만 대충 보다 보니 능력도 여기서는 통하지 못한다.

그래서 자기소개서를 가르쳐주는 학원이 생겼다. 여기서 배운 대로하면 뽑힌다더라 하는 소문이 돌자 너나없이 그런 교육을 받다 보니 얼마 지나지 않아 똑같은 이력서가 만들어진다. 이력서가 통과되었다고 합격하는 것이 아니어서 그다음에는 면접요령을 가르쳐주는 학원도 생겨났다. 말하는 법, 머리 스타일, 옷까지 어떻게 입으라고 가르친다. 사원을 면접한 한 임원이 이런 말을 한다.

"옷도 머리 스타일도 약속이나 한 듯 모두가 똑같아요. 같은 면접 교육을 받다 보니 모두 다른 학교 출신들인데도 같은 공장 같은 기계로 찍어낸 것처럼 말의 내용이나 말투까지 똑같고 성형까지 하여 누가 누군 지도 분간이 안 돼요. 이쯤 되면 도끼로 제 발등 찍기지요."

면접은 대개 학교를 빌려서 하는데 습관적으로 복도에서 담배를 피우 다 꽁초를 아무 데나 버리는 일도 비일비재하다. 그런데 그중에 한 사람 이 휴지와 꽁초를 주워 모아서 휴지통에 버리자 사장은 그 사람의 수험 번호를 유심히 보았다고 한다. 나중에 합격자 발표에 당연히 합격했을 것이라고 생각한 815번이 없자 사장은 인사부서에 말해서 추가합격을 시켜 사장부속실에 배치시켰다. 아무리 실력이 출중해도 눈에 띄지 않 으면 소용이 없는 것이다.

미국에서 있었던 얘기다. '조'는 취업하려고 어느 회사에 이력서를 보냈다. 하지만 이력서들이 산더미처럼 쌓여 있어 모두 읽지 못한다는 연락을 받았다. 그때 조는 어떻게 하면 자신의 이력서를 눈에 띄게 할 수 있을까를 연구하다가 기발한 생각이 떠올랐다. 그는 도자기로 만든 고급스러운 돼지 저금통을 사서 동전 투입구에 쪽지를 넣고 망치와 함 께 박스에 이렇게 써서 발송했다.

"이 속에 귀사의 매출을 획기적으로 높일 아이디어가 들어 있습니다. 아이디어를 보시려면 여기에 있는 망치로 저금통을 깨뜨리십시오."


운을 부르는 말과 행동 50

얼마 후 그 회사에서 전화가 왔다.



"저금통이 너무 예뻐서 깨뜨릴 수가 없습니다. 이력서를 지참하고 회사로 오십시오."

가자마자 취업이 된 것은 말할 나위가 없다. 이 이야기는 세계적으로 유명한 컨설턴트 밥 로스(Bob Ross)의 친구 조의 이야기다. 눈에 띄어야 운도 열린다.

# 주는 것이 받는 것이다

여론조사 기관인 갤럽에서 '돈을 가지고 어떻게 하면 행복하게 살 수 있을까'를 조사했다. 사람들에게 돈을 나누어 주고 행동유형을 관찰했더니 한 부류는 자기를 위해서 쓰고 다른 부류의 사람들은 남을 위하여 돈을 썼는데, 후자가 훨씬 행복을 느꼈다는 것이다. 결국 행복하게 사는 방법은 남을 위해서 쓰는 데 있다.

5만 원권 지폐는 아무리 찍어도 제대로 유통되지 않는다. 있는 사람들이 5만 원권으로 바꿔 컴컴한 곳에 감춰놓기 때문이다. 이런 사람들이 과연 행복할까도 생각해 보자.

세상이 삭막해지고 불행한 사람들이 많은 것은 베푸는 데는 관심이 없고 버는 데만 혈안이 되어 있기 때문이다. 쌀 99섬 가진 사람이 1섬 가진 사람에게 100섬 채우게 1섬을 달란다는 옛말도 있다. 돈이 있는 사람은 자신이 잘 쓰기보다는 자식에게 물려주어야 남보다 행복한 삶을 살 수 있다고 생각한다. 그러나 자식은 이렇게 손 안 대고 코 풀 듯 들어온 돈이 값진 돈이라는 생각을 못 하고 흥청망청 써버리고 빈털털이가 된다.

탤런트 임영규 씨 아버지는 우리나라에서 손꼽히는 부자였다. 아버지가 세상을 떠나자 그 돈을 가지고 라스베이거스로 건너갈 때 가족들이 만류했지만 그는 100배 벌어오리라 약속했다. 그러나 그 생각은 얼마 안 돼 환상으로 끝났다. 돈이 있을 때는 카지노에서 왕자 대우를 받았지만 거지로 냉대받는 데는 얼마 걸리지 않았다. 그는 빈털털이로 돌아와 재기의 꿈을 꾸고 있지만 세상만사 그렇게 호락호락하지 않다. 그 많은 돈의 몇 %라도 불쌍한 사람을 위해 썼더라면 선업을 지어 복으로 남았겠지만, 그런 것도 아니고 보면 앞날이 암담하다.

돈을 좇아가는 삶은 무지개를 잡으려는 것과 다름이 없다. 무지와 교만에 눈이 멀면 보아야 할 것은 못 보고 보지 말아야 할 것만 보는 것이다. 진정한 행복은 돈을 얼마나 가지고 있느냐가 아니라 내가 누구냐에 달려 있다. 돈이 없어도 공덕을 쌓을 수 있는 방법은 얼마든

가난한 한 친구가 겨울 점퍼를 꺼내 입다가 속주머니에 만 원짜리 지폐 한 장을 발견하자 영양실조로 괴로워하던 아내 손에 쥐어주었다. 아내는 무슨 돈이냐고 물었다.

"내일 혼자 시장에 나가 고기 사 먹어."

아내는 고맙다는 말도 못 하고 눈시울만 붉혔다. 다음날 아침 아내는 여느 때처럼 노인정에 나가는 시아버지를 배웅하다가 그 돈을 손에 쥐어드렸다.

"아버님, 적지만 이 돈으로 친구 분들과 약주나 한 잔씩 드세요."

시아버지는 어려운 살림을 힘겹게 끌어나가는 며느리가 안쓰러워 그 돈을 쓰지 못하고 노인정에 가서 실컷 자랑만 하고 장롱 깊숙한 곳에 넣어두었다. 얼마 후 설날 세배하는 손녀딸에게 그 만 원을 주었다.

"할아버지, 고맙습니다."

세뱃돈을 받은 손녀딸은 부엌에서 상을 차리는 엄마에게 달려가 만 원을 내밀었다.

"엄마가 가지고 있다가 나 예쁜 책가방 사줘."

남편이 기운을 못 쓰고 식은땀을 흘리며 힘들어하는 것을 보고 아내는 조용히 일어나 남편의 속주머니에 딸이 맡긴 만 원을 쪽지와 함께 넣어두었다.

주는 것이 받는 것이다. 많이 주면 많이 돌아오고 적게 주면 적게 돌아오며, 주지 않으면 돌아오지도 않는다. 이것이 돈의 법칙이고 운의 법칙이다.

# 오락(五樂) 만복(萬福)

우리나라 새해 인사는 주로 "복 많이 받으세요."이다. 우리가 소망하는 것이 복이어서 사람의 이름도 대복, 만복, 호복, 순복 등 복 자를 넣어 지은 것도 많다. 하지만 이렇게 한다고 해서 복을 받는다는 보장도 없다.

복은 즐겁고 신나는 곳에서는 자석처럼 달라붙고 원망과 저주하는 사람을 보면 천리만리 도망친다. 눈·귀·입·몸·마음의 다섯 가지가 즐거우면 복은 넝쿨째 굴러 들어오게 마련이어서, 나는 이것을 오락(五樂)이라고 이름을 지었다. 연속되는 실패로 세상을 포기하려 했던 사람이 이 방법으로 21일 만에 인생이 바뀐 사례도 있다.


운을 부르는 말과 행동 50

## 5락 1. 눈을 즐겁게 하자

세상만사 보는 것만 보이게 마련이어서 등잔 밑에 있어도 못 보면 없는 것이나 다름이 없다. 한 저명인사는 초등학교 때 받은 상장으로 한쪽 벽을 장식했다. 그것을 볼 때마다 감동과 즐거움이 찾아온다는 것이다.

나는 살아오면서 몇 번 이사를 했는데 그때마다 실내 디자인을 새롭게 한다. 지난번에는 주방과 거실 사이의 문을 뜯어내고 그 자리에 홈바를 만들었다. 그랬더니 손님들이 홈바에서 식사도 하고 차도 마시면서 색다른 분위기에 황홀해한다. 물론 돈이 들지만 기쁨은 배가 되어 즐겁고, 불경기에 집을 내놓아도 매매가 잘된다. 집을 팔 때도 시설비를 별도로 받으니 결과적으로 이익이다.

같은 것을 보아도 밝게 보는 사람이 있고 어둡게 보는 사람이 있다. 이들을 관찰하면 정반대의 운명을 살아간다. 보는 것만 자기 것이 되기 때문이다. TV와 신문은 세상 일을 보여주는데 어두운 것을 보여주는 매체는 피해야 한다. 어둠 속에서는 밝음을 찾아낼 수 없기 때문이다.

## 5락 2. 귀를 즐겁게 하자

옛날 시인들은 정자에서 시를 짓고 읊었다. 하루는 시를 짓다 말고 지루하여 어떤 소리가 듣기 좋은 소리인가에 대해 담소를 했다.

"듣기 좋은 소리야 아이가 태어나면서 첫울음을 터뜨리는 소리가 아닌가요?"

"그렇지요. 그러나 밤늦게까지 책 읽는 청아한 소리를 당할 수가 있겠습니까?"

이때 나이 지긋한 원로가 말하자 모두가 자지러졌다.

"교교한 달밤에 아내가 치마 끈 푸는 소리는 어떻습니까?"

지금으로 따지면 19금에 해당하는 얘기지만 저속하지 않고 재미로는 그만이었다.

같은 사람으로부터 들어도 칭찬과 격려, 감사의 말은 귀를 즐겁게 하고, 불평·불만·원망은 불쾌한 기분이 들게 한다. 생각 없이 입에서 나오는 대로 말하는 사람은 바보다. 우리집에서는 아침에 일어나면 서로 즐겁게 인사하고 퇴근하여 집에 들어갈 때도 웃으면서 인사를 한다.

 말없이 나가고 들어오는 것은 도둑들이나 하는 짓이다. 군대에서 문제가 생긴다고 비난하지 말고 기상과 취침 시에 서로 인사하도록

훈련시켜 보자. 그것만으로도 신나고 즐거운 군대가 될 수 있다.

## 5락 3. 입을 즐겁게 하자

'나는 영미가 맛있게 먹을 때가 가장 이뻐.' 라는 버스 광고가 눈에 띄었다. 맛있게 먹는 사람치고 안 되는 사람 없고 투덜대며 먹는 사람치고 잘되는 사람을 보지 못했다. 전에는 즐겁고 맛있게 먹는 사람이 복을 받는다며 배우자 선택도 먹여가며 결정했다. 아침식사를 하지 않고 출근하는 사람은 비만이 되고 건강에 문제가 생긴다. 하루 세끼를 먹는 것은 몸을 즐겁게 하는 행사다.

맛있는 음식을 먹으면 행복해진다. 나는 요즘 주말마다 아내와 맛집 순례에 나선다. 새로 생긴 맛집이나 추억의 맛집을 고르고 맛집을 오가는 사이 우리 부부는 이런저런 대화를 나눈다. 살아가면서 익숙해진 탓에 소홀해지기 쉬운 관계가 부부 사이이다. 맛집 순례는 평소 대화량이 점점 줄어드는 것이 안타까워 생각해 낸 아이디어인데, 아내도 무척 즐거워하며 주말을 기다리는 눈치다. 나를 대하는 태도가 솜털처럼 부드러워진 건 보너스라고나 할까.

입맛이 좋아지면 70살도 30살처럼 활기차고, 입맛이 떨어지면 어려도 애늙은이가 된다. 잘 먹고 잘 자는 사람은 틀림없이 좋은 운을 얻는다.

## 5락 4. 몸을 즐겁게 하자

아이는 안아줄 때 행복감을 느낀다. 어른도 마찬가지다. 손이 앞에 있는 것은 상대방을 안아주라는 조물주의 메시지다. 여류시인 최진경 님은 매월 기쁨축제에서 '이 달의 시'를 낭송하는데 무한한 상상력을 불러일으켜 모두를 몰입하게 만든다. 게다가 만나는 사람마다 안아준다. 아이들도 안아서 키울 때 건강하고 영특해지는 이유는 좋은 기운을 접목시켜 주기 때문이다.


기쁨축제는 매달 한 번씩 하는데 임형주 명창의 판소리는 매번 빠지지 않는다. 우리 것의 소중함과 매력은 말할 나위가 없고 판소리에서 나오는 에너지가 활력소가 되어 분위기를 되운다. 이때 최진경 시인은 적재적소에 얼쑤~하며 추임새를 넣어주어 흥을 돋운다.


임형주 명창은 김치의 달인이기도 하다. 기쁨축제 때마다 김치를 담아와 회원들이 나눠 먹는다. 이 김치를 먹어본 사람들은 너나없이 황홀경에 빠진다. 모두 복을 짓는 일이다.


스타 시인 허홍구 시인은 퇴계로 대한극장 뒤에 사는데, 비가 오나 바람이 부나 광화문 사무실까지 걸어 다닌다. 몸은 관리만 잘하면 100세도 거뜬하지만 관리가 안 되면 평생 고달프다는 것을 알기 때문이다.

## 5락 5. 마음을 즐겁게 하자

운을 잡는 사람은 100% 긍정인들이다. 마음이 즐거우면 자신이 있는 곳이 천국이 되지만, 마음이 힘든 사람은 수천억의 돈을 가지고 있어도 지옥에서 벗어나지 못한다. 매달 1,000만 원의 수입을 올리면서도 부족함을 느끼는 사람이 있고, 100만 원으로도 넉넉하게 사는 사람이 있다.

나는 '10만 원으로 한 달 사는 법'을 집필 중인데, 돈 많다고 잘살고 없다고 못사는 것이 아니다. 없을 때는 당당하고, 있을 때는 겸손한 사람이 진정한 부자가 되는 것이다.

 아무리 불행한 사람이라 해도 1%의 행복은 있게 마련이다. 그 1%에만 집중하면 즐거운 천국이 되지만, 마음이 어두우면 보고도 보지 못하니 지옥이다.

우리가 살아 있는 날은 하루하루가 기적이다. 나는 평생 25가지 병과 함께 살아가고 있지만 병을 두려워하거나 피하려고 애쓰지 않는다. 아픔까지도 즐거움으로 소화시키다 보니 병들도 더 이상 나를 괴롭히지 못하는 것이다.

# 천운을 얻는 법 50가지

*** 

**01.** 모르고 한 죄보다 알면서 한 죄가 더 크다. 하늘은 무심치 않다.

**02.** 가난은 죄가 아니다. 그러나 게으름은 죄가 된다.

**03.** 먼저 간 사람은 선배요 스승이다. 이들을 욕하지 말라.

**04.** 천운의 성지는 현충원이다. 영적 에너지가 최고에 달한다.

**05.** 겸손하라. 목에 힘 주다 망한 사람은 있어도 낮추다 망한 사람은 없다.

**06.** 힘들다고 한탄하지 말라. 해병 출신 중에 천운을 가진 친구가 많다.

**07.** 모진 놈 곁에 있다 벼락 맞는다. 친구 선택에 주의하라.

**08.** 사기꾼의 두뇌에는 악의 프로그램이 깔려 있다. 구제 방법이 없다.

**09.** 작은 생명도 소중히 하라. 생명 중에 귀하지 않은 생명은 없다.

**10.** 인생은 마라톤이다. 끝까지 완주하라.

**11.** 부모는 어느 세상에 계시건 최고의 수호신이다. 수호신을 기쁘게 하라.

**12.** 말의 온도에 따라 결실이 달라진다. 따뜻하게 말하라.

**13.** 악담은 악령과 한통속이다. 악담하는 사람의 얼굴을 보라.

**14.** 덕담은 수호천사의 언어다. 덕담 효과는 하늘에 전달된다.

**15.** 감사는 천운을 움직인다. 감사함으로 천복의 주인이 되라.

**16.** 사람은 양질과 악질로 나뉜다. 질에 따라 운명이 달라진다.

**17.** 나쁜 생각이 나쁜 기운을 끌어들인다. 생각을 바꿔라.

**18.** 고난과 역경은 액땜을 위한 선투자다. 스스로 극복하라.

**19.** 복을 지은 부모는 자식에게 복을 상속한다. 재산 상속보다 월등하다.

**20.** 아픔에도 기뻐하라. 하늘의 특별 보너스가 대기한다.

**21.** 자신의 참모습을 발견하라. 창조주의 모습이다.

**22.** 결혼식 끝나고 헌혈한 부부가 있다. 헌혈은 생명 나눔이다.

**23.** 창조주 입장에서 생각하고 행동하라. 복이 넝쿨째 굴러온다.

**24.** 자기 몸과 마음을 성전처럼 아껴라. 향기 나는 삶이 만들어진다.

**25.** 챙기다 망한 사람은 있어도 베풀다 망한 사람은 없다. 빌 게이츠를 보라.

**26.** 99도에서는 끓지 않아도 100도가 되면 끓는다. 100도의 열정을 가져라.

**27.** 세상만사 심은 대로 거둔다. 무슨 씨앗을 심었는가 살펴보라.

**28.** 마음 그릇을 넉넉히 하라. 그릇 크기만큼 담게 된다.

**29.** 떡이 없다고 한탄 말라. 떡이 없으면 나가서 떡을 만들어라.

**30.** 노느니 염불하라. 허송세월처럼 큰 죄는 없다.

**31.** 머리는 쓸수록 발달한다. 세상을 위해 사용하라.

**32.** 자다 보면 꿈을 꾼다. 그러나 눈 뜨고 꿈꾸면 현실로 나타난다.

**33.** 병들면 운도 도망친다. 건강관리를 철저히 하라.

**34.** 사람이 좋아하는 사람은 하늘도 좋아한다. 주위를 살펴보라.

**35.** 걷는 자만이 앞으로 간다. 주저앉지 말라.

**36.** 자기 자신을 굳게 믿어라.

**37.** 검소는 환경 사랑이다. 환경을 사랑하면 우주 에너지가 몰려온다.

**38.** 사람은 사람답게 살아야 한다. 스스로 사람인가 짐승인가를 살펴보라.

**39.** 사랑이 꽃 피는 가정은 축복이 가득해진다. 마지막 하루처럼 사랑하라.

**40.** 사람 집에 사람이 안 오면 흉가가 된다. 반상회라도 열어라.

**41.** 독창보다 합창의 힘이 월등하다. 다 함께 노래하라.

**42.** 밝고 신나는 노래를 불러라. 에너지가 하늘에 전달된다.

**43.** 투덜대면 털털거린다. 차라리 입을 다물어라.

**44.** 끊임없이 영혼을 정비하라. 영롱한 영혼이 하늘과 교류한다.

**45.** 생각을 생각하라. 그래도 힘들면 생각을 나눠서 하라.

**46.** 남의 잘함을 복제하고 못함을 삭제하라. 영광이 만들어진다.

**47.** 날마다 좋은 친구와 교신하라. 좋은 기운이 공유된다.

**48.** 남이 잘되도록 도와줘라. 그것이 내가 잘되는 길이다.

**49.** 누구의 말이건 끝까지 들어줘라. 말하는 것보다 듣는 것이 복을 짓는 일
이다.

**50.** 살아 있는 날은 축제의 날이다. 기뻐하며 경배하라.

# 운은 덕망을 보고 달려온다

천운은 덕망이 있는 사람을 향해 달려온다. 현재 좋고 나쁨은 관계가 없다. 눈앞에 있는 것은 금방 지나가기 때문이다. 운은 사람에게 주는 신의 은총이다. 아무리 좋은 사료를 먹여도 소나 돼지, 닭이 운 좋다는 얘기는 들어보지 못했다. 어차피 사람의 입에 들어가기 위해서 태어난 운명이기 때문이다.

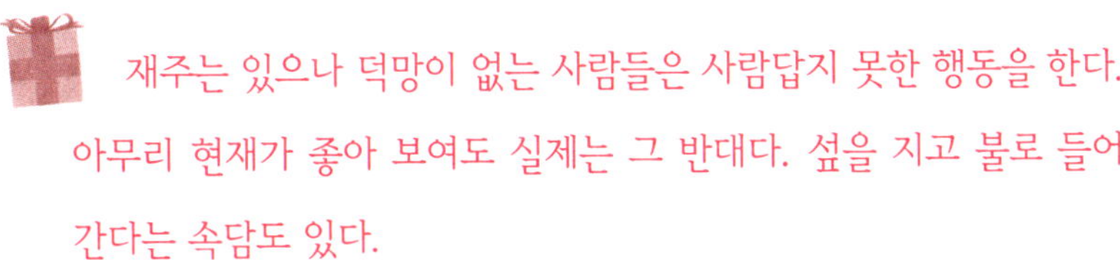 재주는 있으나 덕망이 없는 사람들은 사람답지 못한 행동을 한다. 아무리 현재가 좋아 보여도 실제는 그 반대다. 섶을 지고 불로 들어간다는 속담도 있다.

은나라 탕왕이 젊었을 때의 얘기다. 어느날 사냥꾼이 사방에 그물을

쳐 놓고 새가 걸리기를 기다리는 것을 보고는 탕왕이 '저러다가는 새의 씨가 마르겠구나.' 하는 생각에 그물을 치워버렸다. 이를 본 사람들은 탕왕이 언젠가는 크게 될 것이라고 칭송했는데, 이후에 천자가 되었다. 많은 사람이 칭송하면 어떤 어려움이 있어도 그에 걸맞은 위치가 만들어지는 것이 말의 힘이다. 콩 심은 데 콩 나고 팥 심은 데 팥이 난다.

은나라에 가뭄이 심해 여러 해 농사가 되지 않아 굶어죽는 백성이 늘어났다. 예언을 맡은 벼슬아치가 말했다.

"사람을 바쳐 하늘에 제사지내야 될 줄 아뢰오."
"사람을 살리려는 나에게 사람을 바치라니 말이 되는가? 차라리 나를 바치겠다."

탕왕은 목욕재계를 한 다음 손톱, 발톱과 머리카락을 잘랐다. 그런 다음 장식이 없는 흰 수레에 흰말을 타고 스스로 제물이 되어 뽕나무 밭으로 들어가 하늘을 향해 질문을 던졌다.

"오랜 가뭄으로 저희 백성을 괴롭히는 까닭이 무엇입니까? 제가 덕이 부족하여 사회기강이 문란해졌기 때문입니까? 백성들이 게을러 일을 하지 않기 때문입니까? 아니면 저의 궁전이 너무 화려하기 때문입니까? 음모가 날뛰기 때문입니까? 뇌물이 세상을 어지럽히고 있기 때문입니까? 참소로 인해 어진 사람이 배척당하기 때문입니까?"

이 말이 끝나기도 전에 사방에서 먹구름이 몰려오더니 비가 쏟아졌다.

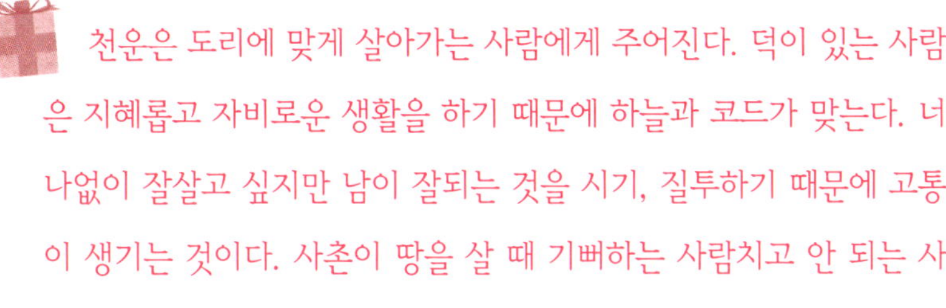

천운은 도리에 맞게 살아가는 사람에게 주어진다. 덕이 있는 사람은 지혜롭고 자비로운 생활을 하기 때문에 하늘과 코드가 맞는다. 너나없이 잘살고 싶지만 남이 잘되는 것을 시기, 질투하기 때문에 고통이 생기는 것이다. 사촌이 땅을 살 때 기뻐하는 사람치고 안 되는 사람이 없다.

판사, 검사, 변호사는 같은 스승 밑에서 배운 제자들이지만, 각자 역할이 다르다 보니 그에 걸맞게 행동하고 운명이 변한다. 그 중에 어떤 직업의 사람에게 행운과 복록이 따르는가는 상상에 맡긴다. 물론 기본 성품이 있지만 나도 모르게 직업도 운에 크게 작용하는 것이다. 쉽게 보면 연기자의 역할과 운명이 다를 것이 없다. 자기 배역과 같은 운이 주어지기 때문이다.

남의 나쁜 점만 보면 절대 행복할 수 없다. 질투는 내 주머니 안에 들어오는 것보다 남의 주머니 안에 들어가는 것을 시샘하는 데서 생겨난

다. 나보다 능력과 실력이 있는 사람을 시샘하는 것은 불행의 첫걸음이
니, 이런 마음을 제거하고 덕스러운 마음을 길러야 한다.

비록 내가 손해를 볼지언정 다른 이들이 잘되도록 빌어주면 나도 모
르는 사이에 천운의 주인공이 되는 것이다.

# 내 나이가 어때서?

사람은 즐거움을 추구하는 유일한 동물이어서 신바람이 폭발하면 놀라운 긍정 에너지가 발생한다. 긍정 에너지는 운을 불러들이는 촉진제이기도 하다. 우리 민족에게 최강의 운이 따르는 것은 흥이 많기 때문이다. 흥은 신(新)바람이며 신(神)바람으로, 우리 민족처럼 이렇게 흥이 많은 민족은 세계 어디에서도 찾아볼 수 없다.

6·25전쟁과 월남전 등 총알이 비 오듯 하는 곳에서도 병사들을 위한 위문공연이 열렸다. 신바람을 돋우기 위해서다. 위문공연단의 공적은 최전방에서 싸우는 병사에 못지않다. 이들도 목숨 걸고 흥을 돋우며 사람의 능력을 초인적으로 승화시켜 주었기 때문이다.

현충원은 나라를 위해 싸우다가 돌아가신 호국영령과 애국열사 들이 묻혀 있는 곳이다. 총칼을 든 군인만 전쟁에 참여한 것이 아니라 위문 공연에 참여했던 분들도 위험 속에서 군인 이상의 힘을 발휘한 K-POP 의 원조들이다. 그렇다면 이분들의 묘역도 함께 만들어줘야 하는 것이 사람의 도리다.

 우리가 일제 치하의 질곡에서 신음하고 있을 때 인도의 시성(詩聖) 타고르가 '아침의 나라 코리아는 반드시 흥한다'고 예언한 것도 우연 이 아니다. 시인의 번뜩이는 예지로 이미 우리의 미래를 내다본 것이 다. 우리는 아이에게 코를 풀게 할 때도 '흥~', 어른이 흥 하면 아이 도 흥~ 하고 코를 풀었다. 이렇게 하여 흥에 대한 조기교육이 시작된 것이다.

말도 못 하는 아이들도 방송에서 노래가 나오면 어깨춤을 절로 춘다. 흥은 흥(興)하라는 염원과 흥이 난다는 뜻이 복합적으로 표현된 단어이 다. 들판에서 모 심기나 추수를 할 때 뙤약볕 아래 땀이 비 오듯 하는 가 운데에서도 '농자천하지대본(農者天下之大本)'이란 깃발을 앞세우고 풍 물패가 흥을 돋우면 노동도 오락이 되는 것이다. 천안 삼거리를 지나면 서도 '흥', 축 늘어진 능수버들도 '흥'이다.

우리의 경제력이 북한에 뒤떨어졌던 시절에는 월북한 사람 숫자가

3,000명이 넘는다. 북한에서 남한으로 삐라를 살포했는데 북한에 넘어오면 아파트도 주고 예쁜 여자들과 살게 해주겠다는 내용이다. 북한이 코앞에 보이는 자리에 노천 목욕탕을 만들어 여군들이 목욕하는 모습을 보여주어 국군의 마음을 흔들기도 했다. 이것은 어디까지나 심리전인데 그것도 모르고 번개처럼 철책선을 넘어 그쪽으로 오게 만들어 지내게 한 뒤 자기가 얼마나 잘살고 있나를 말하게 했다.

5·16 군사정변 이후 우리도 새벽 동네 스피커에서 '새벽종이 울렸네 새아침이 밝았네 너도나도 일어나 새 아침을 만드세' 와 '잘살아보세 잘살아보세 우리도 한번 잘 살아보세…' 가 흘러나왔다. 이 노래를 들으면 감동과 감격의 신바람이 났다. 이렇게 하여 우리 역사가 천지개벽을 한 계기가 되었다.

나는 우리나라 산업교육 강사로는 1세대에 속한다. 기업체 교육이 체계적으로 되어 있지 않았을 때여서 정신교육이 주축을 이루었다. '불가능은 없다, 하면 된다.' 는 교육을 하는 정신교육 강사들과 극기력 교육 강사, 실제 어려움을 겪고 이긴 산증인들이 출강하여 체험사례를 발표했다. 2세대는 예절교육이 주축을 이뤄 항공사 여승무원과 유교의 전통 예절을 전공한 분들의 전성시대였다. 지금은 3세대로, 웃음 강사, 유머 강사, 개그맨들이 주축을 이룬다. 웃음치료사라는 직종도 생겨나 그 교육을 받은 사람들만 해도 5만여 명이 넘는다.

요즘 뜨고 있는 명강사 중에 홍소리 씨가 있다. 춤과 노래, 마술의 명인이다. 그녀가 가는 곳은 어디든지 신바람이 폭발한다. 현대 정주영 회장이 생존 시에 현대 직원이었던 그녀는 직원 행사에 꼭 불려 다녔다. 그녀는 해바라기 봉사단을 이끌고 힘든 곳을 찾아다니며 공연 봉사에도 앞장섰다. 2007년 태안 앞바다에 원유 유출 사고로 실의에 빠진 태안 주민을 위해 신바람 축제를 열어주자 감동받은 주민들이 놓아주지를 않아 밤새워 공연한 일은 지금껏 회자되고 있다.

여성교육 하면 홍소리 씨이지만 남성 교육에는 우해춘 씨가 있다. 기업체 영업일선에서 두각을 나타내던 그는 남다른 상상력을 가진 마케팅 전문가다. 야구선수인 아들 때문에 한 게임도 빠지지 않고 야구를 관전하며 전략을 짜고 결과까지 예측하다 보니 입신의 경지에 이르게 되었다. 그후 전문강사가 되어 프로야구의 전략을 가정경영과 조직경영에 도입하여 신바람을 접목시켜 조직활성화와 행복한 가정설계에 적용했다. 요즘 이혼이 사회적 문제가 되고 있지만 이혼하려고 도장까지 찍었던 사람이 그의 강의를 듣고 그 자리에서 통곡을 하며 부인과 화해했다는 극적인 일화도 있다.

옛날 같으면 고령자이겠지만 100세 시대에 우해춘 씨나 홍소리 씨 정도라면 꽃중년이다. 대개 나이가 들면 노화가 되어 운도 쇠퇴하지만, 이두 분은 점점 상승세를 타고 있다. 신바람이 운에 불을 붙여주기 때문이다. 하기야 〈내 나이가 어때서?〉라는 노래를 들어보면 지금이 딱 좋은 나이다.

# 100세 샐러리맨 시대

103살 먹은 일본의 직장인 후쿠이 후쿠타로 씨가 쓴 〈100살이다 왜?〉는 100세 시대를 살아가는 우리들이 반드시 읽어야 할 필독서다. 올 초 출간되어 매스컴을 뜨겁게 달군 이 책은 노인은 물론 미래의 노인이 될 젊은이들도 꼭 읽어야 할 책이다. 어떤 목사님은 설교시간에 이렇게 말했다.

"성경은 안 읽어도 좋습니다. 그러나 이 책은 꼭 읽어보세요. 여러분 자신의 얘기입니다."

가수 오승근이 부른 〈내 나이가 어때서?〉는 어디를 가나 화제의 곡이다. 나이 탓을 하는 사람에게는 생각할 여유를 주는 노래다. 이유가 많고 탓이 많은 사람치고 되는 일이 없다. 그런 사람에게 필요한 노래는 김국환의 〈타타타〉다.

넷째 누이이기도 한 삼성생명의 이상운 명인은 80세지만 현역으로 활발하게 활동하고 있다. 60세에 친구의 권유로 보험설계 교육을 받고 보니 이처럼 신나고 멋진 직업은 없다고 생각되어 보험 일선에 뛰어들었다. 일을 갖게 된 이후 그녀는 하루하루가 즐거운 축제처럼 느껴졌다.

이상운 명인은 중학교 4학년 때 6·25 동란이 발발하여 피란 가다가 비행기의 기총사격으로 한쪽 엉덩이가 날아가고 옆구리에 파편이 박히는 중상을 입었다. 같은 배로 금강을 건너던 가족 2명은 그자리에서 세상을 하직했다. 모두가 눈 깜짝할 사이에 벌어진 일이다.

나는 누이의 곁에서 두려움에 떨며 애국가를 부르고 또 불렀다. '하느님이 보우하사'를 들은 하느님이 도와주시기를 바라는 마음에서 애국가를 불렀던 것이다. 어둠 속에 후퇴하는 군인들이 나를 에워싸더니 묻는다.

"학생, 왜 울면서 애국가를 부르나?"
"살려주세요."


제1장  운, 끌어당김의 법칙

하늘의 도움인지 그 중에 군의관이 있어 누이의 옆구리와 엉덩이에 핀셋을 넣어 엄지손가락만한 파편을 꺼내고 응급처치를 해주었다. 정오에 폭격을 당하고 정확히 10시간이 지난 뒤의 일인데, 군의관이 이렇게 말했다.

"하느님이 계시다면 살려주실 거다."

나는 그때부터 하느님을 기쁘게 해드리려고 날마다 애국가를 불렀고, 이는 지금까지도 계속된다. '하느님이 보우하사 우리나라 만세'를 부르면 가슴이 먹먹해지며 눈물 흘리는 하느님의 영상이 느껴진다.

나는 말하는 대로 모든 것이 이뤄진다는 것을 믿는다. 대학 다닐 때 나는 교수들이 중심이 된 제작극회 회원이었다. 을지로에 있었던 을지서적 자리가 그때는 원각사였는데, 제작극회에서 올린 연극이 공연되고 있었다.

때마침 안익태 선생이 극장에 와서 함께 사진을 찍었다. 군에서 휴가 나왔던 이순재 씨도 군복을 입은 채로 함께했다. 국립극장도 있는데 안익태 선생이 왜 하필 원각사에 왔을까라고 말이다. 생각하다가 이렇게


운을 부르는 말과 행동 50

결론을 내렸다. '내가 매일 애국가를 부르니까 당연한 일'이라고 말이다. 내 스마트폰의 컬러링도 애국가이다. 나라 사랑의 에너지를 공유하기 위해서다.

이상운 명인은 죽지 않고 살아난 기쁨을 만끽하기 위해 오늘도 현역으로 열심히 일하고 있다. 그동안 15번이나 연도상을 받았다. 연도상은 그해 최고 실적자를 축하하는 상인데, 10만여 명 가까운 보험설계사 중에 최고 실적자들에게 주는 상으로 보험인의 최고 영예다.

일이 보람인 사람은 인생이 천국이고, 일이 의무인 사람은 인생이 지옥이 된다. 이상운 명인에게 언제까지 일할 거냐고 물으면 100세라고 대답한다.

# 노년에 생각해야 할 50가지

*＊＊＊*

노년의 1년은 청년 시절의 10년과 맞먹는 값진 시간이다. '가는 세월 그 누가 막을 수가 있나요' 하고 가수 서유석이 노래를 불렀듯이 눈 깜짝할 사이에 1년이 가고 10년이 간다. 거창한 무대라도 공연시간은 얼마 안 남고, 여생이 짧을수록 남은 시간은 더 절박하다.

**01.** 늙는 데는 예외가 없다. 자연스럽게 받아들여라.

**02.** 당당한 노인이 되라. 늙는 것은 죄가 아니다.

**03.** 돈 없으면 실력이라도 가져라. 아무것도 없으면 개도 무시한다.

**04.** 독서는 치매 예방과 지혜의 두 마리 토끼를 잡는다. 책과 친구가 되라.

**05.** 노인은 청춘을 알지만 청년은 노년을 모른다. 그러려니 해라.

**06.** 말수를 줄여라. 말이 많으면 신뢰가 줄어든다.

**07.** 담배를 끊으면 10년 더 산다. 독약과 거래정지를 하라.

**08.** 걸으면 살고 누우면 죽는다. 하루 30분씩 걷기를 하라.

**09.** 곱게 늙어라. 마음을 곱게 먹으면 얼굴에 나타난다.

**10.** 말씨가 운을 만든다. 긍정의 언어를 사용하라.

**11.** 힘들다고 인생을 포기할 수는 없다. 힘을 길러라.

**12.** 명예를 귀하게 여겨라. 발자취는 군번처럼 평생을 따라다닌다.

**13.** 제 자랑만 하면 천해 보인다. 내 자랑은 남에게 맡겨라.

**14.** 지팡이의 친구가 되라. 내 목숨 지키는 데는 의사보다 낫다.

**15.** 재물을 탐하면 재앙이 따른다. 나눔에 익숙하라.

**16.** 자식에게 의존 말라. 서로가 짐이 된다.

**17.** 취미 하나쯤은 만들어라. 사는 것이 즐거우면 인생은 천국이다.

**18.** 재산이 많아도 병들면 그림의 떡이다. 값지게 사용하라.

**19.** 노인으로 끝나지 말라. 원로나 중진이 되라.

**20.** 매일 샤워를 하라. 나이가 들면 노취가 생긴다.

**21.** 돈을 좇는다고 내 품에 안기는 게 아니다. 집착에서 벗어나라.

**22.** 노약자석에 앉지 말라. 그 앞에 당당하게 서 있어라.

**23.** 걱정해서 해결될 일만 걱정하라. 아니면 툭툭 털어라.

**24.** 애들을 울리지 말라. 애들은 장난과 괴롭힘을 분간 못 한다.

**25.** 나이 들어도 당당하라. 당당한 사람에게 운이 붙는다.

**26.** 자서전을 써라. 10부, 100부 만들어주는 회사도 있다.

**27.** 섭섭한 일은 푸는 것이 상책이다. 섭섭함이 생사람 잡는다.

**28.** 비상금은 지참하라. 몸만 가지고 다니면 불쌍해 보인다.

**29.** 긴 병에 효자 없다. 건강할 때 건강을 지켜라.

**30.** 젊은이를 섭섭하게 생각 말라. 며칠 후면 그애들도 늙는다.

**31.** 있다고 자랑 말라. 엄청난 재산가가 쪽박 신세가 되기도 한다.

**32.** 오는 사람 없다고 서러워하지 마라. 일이 풀리면 어중이떠중이 다 모인다.

**33.** 실패하면 회복하기 힘들다. 무엇을 하려면 전문가와 상담하라.

**34.** 100세까지 활동하라. 움직여야 살아남는다.

**35.** 지갑은 가지고 다녀라. 그래야 덜 무시당한다.

**36.** 나이 들수록 차려 입어라. 누가 뭐라 해도 옷이 날개다.

**37.** 돈 있으면 기분 좋게 써라. 사람이 효자가 아니라 돈이 효자다.

**38.** 자식에게 재산 다 넘겨주지 말라. 유사시에 방법이 없어진다.

**39.** 늙을수록 친구가 필요하다. 외톨이는 고아나 다름없다.

**40.** 병들면 보건소를 찾아가라. 종합병원보다 못하지 않다.

**41.** 젊은이는 훈계를 싫어한다. 이래라저래라 하지 말라.

**42.** 모임이 있으면 필히 참석하라. 불러줄 때가 행복할 때다.

**43.** 뉴스에 집착 말라. 마음에 상처만 점점 커진다.

**44.** 젊어 고생은 축복의 시작이다. 자녀를 혹독하게 훈련시켜라.

**45.** 무자식 상팔자가 아니다. 유자식 상팔자다.

**46.** 유서 쓰는 훈련을 하라. 그냥 떠나면 허망함만 남는다.

**47.** 남는 건 부부밖에 없다. 마지막 하루처럼 사랑하라.

**48.** 신앙은 마지막 보루다. 끝까지 지켜라.

**49.** 아파트만 관리하지 말라. 자신의 인생도 관리하라.

**50.** 내일 종말이 온다 해도 오늘 희망의 꿈을 가꿔야 한다.



운을 부르는 말과 행동 50

# 제2장

## 부모형제와
## 이웃을 위했는가?

# 말이 곧 기도다

운을 부르는 말과 행동 50

사람들은 급하면 기도를 한다. 그것도 대상이 하나가 아니라 입에서 나오는 대로 하느님, 부처님, 조상님 등등 끊임없이 등장한다. 새를 향해 산탄총을 발사하면 여러 발이 동시에 나가 새들이 우수수 떨어지는 것을 보고 응답 확률을 높이려는 것인지도 모른다.

기도는 반드시 이뤄진다. 이뤄지지 않는다면 심심풀이라도 기도를 할 리가 없다. 나의 경우 숱한 병마가 융단폭격 포위망을 좁히며 달려들어 생사기로에서 내가 할 수 있는 것은 기도밖에 없었다. 나의 삶은 병과 함께 지내온 역사였다. 고지에서 포위당해 아군의 지원을 애타게 기다리는 심정으로 평생을 살아왔는데, 주위에서 나를 위해 기도를 해준 사람이 많다. 한 사람의 기도보다 10사람, 100사람의 기도가 월등히 효과가 높은 것도 당연하다. 기도도 검증되면 과학이고 검증을 거치지 않으면 미신으로 전락한다.



김영삼 대통령은 학생시절 책상 앞에 '미래의 대통령 김영삼'이라고 쓴 사진을 붙여놓고 공부를 했다고 한다. 이것 역시 기도다. 춘천 사는 주부 K씨는 고등학교 다니는 아들 형제가 늘 싸우고, 툭하면 "이 죽일 놈들아~"하고 화를 냈다. '말이 기도다'라는 내 강의를 듣고 걱정스러운 표정으로 질문한다.

"이 아이들은 어떻게 될까요?"
"글쎄요. 죽을 일들이 생겨날 겁니다."
"이제부터 안 하면 괜찮지 않겠습니까?"
"쏘아진 화살, 엎지러진 물! 입에서 나간 말은 돌이킬 수 없습니다."

결국 그 반대의 덕담으로 대체하라고 조언을 해주었다. 이때부터 큰


제2장 부모형제와 이웃을 위했는가?

아들은 씩씩하고 힘이 좋아 장군님이라 부르고, 작은아들은 머리가 좋아 교수님이라고 부르기 시작했다. 몇 해가 지난 뒤 다시 내가 하는 공개강좌를 찾아와 큰아들은 육사에 들어갔고 작은아들은 서울대에 다니고 있다고 얘기를 전한다. 지금쯤은 장군이 되었고 교수가 되었으리라고 믿는다.

탤런트 안문숙 씨의 어머니는 딸을 키우면서 안 좋은 일이 생겨도 "나중에 판검사 될 가시내야!", "돈을 섬으로 벌 가시내야!" 이런 긍정적인 말로 혼을 냈다고 한다.

부모는 아이를 '당장' 변하게 하는 사람이 아니라 '결국' 변하게 하는 사람이다. 아이의 행동이 내 성에 차지 않더라도 지혜를 발휘할 줄 아는 여유를 가져야 한다. 내 아이를 진정 위한다면 언어 선택에 더욱 주의해야 한다.

생각해 보니 지금까지 내가 한 기도는 100% 이뤄졌다. 나는 말을 기도처럼 하다 보니 모든 파동이 긍정으로 바뀌었기 때문이다. 이 방법은 누구에게나 해당된다.



운을 부르는 말과 행동 50

# 센닝바리(千人針)의 기적

### 제2장 부모형제와 이웃을 위했는가?

기쁨축제에 참석한 정유진 회원이 친정아버지가 위독하여 다음날 여수에 있는 병원을 간다고 했다.

"나도 여수대학교 강의가 있어 내려가는데…."
"그럼, 같은 비행기를 타면 되겠네요."

그녀는 자기가 쓸 용돈을 아끼고 자기 수입을 합하여 친정부모님 입원비는 물론 생활비까지 보내드리는 보기 드문 효녀이다. 혹시 나도 뭔가 도움이 되어야겠다는 생각에 같이 여수 병원에 갔는데 병상에 누워 있는 그녀의 아버지가 눈물을 흘리며 딸에게 말했다.

“오늘이 마지막이다. 항문도 이미 열렸고 의사도 가망 없다고 한다.”

그분이 쉽게 죽지 않을 것이란 생각이 들어 나도 모르게 “기도를 해 드리겠습니다.” 하는 말이 저절로 나왔다. 그분의 손을 잡고 기도를 마친 다음 학교에 가서 강의를 하고 있는데, 강의가 끝날 무렵 정유진 씨가 밝은 표정으로 나타났다.

“아버지가 살아나셨어요. 식사도 하시고 즐겁게 옆 병실까지 다녀오셨어요. 너무 기뻐서 알려드리려고 학교로 찾아왔습니다.”

그때부터 거의 반년이나 환자의 증상이 나에게 나타나 가래가 끓고 호흡곤란으로 어려움을 겪었다.

정유진 씨 아버지는 그후 10년을 즐겁게 더 사셨는데, 알고 보니 이분도 여수대학교 1회 졸업생이고 내가 그 학교에 출강한다는 인연이 있었다. 세상에 우연은 없나 보다. 자신의 신상에 변화가 일어날 때는 유심히 지켜볼 필요가 있다.

일제강점기를 경험한 사람들은 센닌바리를 잘 안다. 1,000명이 실과 바늘로 한 땀 한 땀 정성들여 만든 호신 제품을 2차 대전에 출전한 병사들에게 지니게 했다. 이것을 지니면 총알이 비켜간다는 것이다. 나는 그때 어려서 그 효과가 어느 정도였는지는 잘 모르지만, 어른들 얘기로는 그것 때문에 많이 살아서 돌아왔다고 얘기하는 것을 들었다.

김찬호 씨는 서초교회 목사를 하며 평생교육원 이사장을 겸임하고 있는데, 자신의 출생 비화를 다음과 같이 말한다.

"아버지가 결혼하고 얼마 안 돼 일본 군대에 징병으로 끌려가서 남양군도 전투에 투입되었답니다. 어머니는 날마다 소복을 하고 장독대에 물을 떠놓고 남편의 무사귀환을 빌었습니다. 어머니는 남편이 죽으면 대가 끊겨 조상 뵐 면목이 없다고 생각하며 지극정성으로 기도를 했습니다. 남양군도 전투가 막바지에 이르렀을 때였는데 아버지의 꿈에 조상이 나타나 이런 말을 했다고 합니다. '내일 새벽 전투를 위해 부대가 이동한다. 가면 죽으니 꾀를 부려라.'"

너무 생생한 꿈이어서 일어나자마자 배를 움켜잡고 "아이구, 배야!"를 외치며 뒹굴고 있는데 집합을 알리는 기상나팔이 울렸다. 일행은 아버지가 뒹구는 것을 보고 하루 식량만 남겨두고 모두 떠나갔다.

 **혼자 남은 아버지는 실컷 자고 해가 중천에 떴을 때 일어나 밥을**

해 먹고 부대가 돌아오기를 기다렸다. 밤이 돼도 소식이 없자 다음 날 민가를 찾으러 나갔다. 며칠 지나 민가가 나타나 밥을 얻어먹으면서 들은 얘기는 전투에 참여했던 부대원들이 전멸당했다는 것이었다.

이미 전쟁은 끝나 일본 군인들은 포로수용소에 있다고 해서 묻고 물어 수용소를 찾아갔다. 여기서 며칠 있다가 포로들은 모두 배를 타고 일본으로 돌아가게 되었다. 일본인들은 자기 집으로 갔지만 한국인들은 갈 곳이 없었다. 여기저기 뛰어다니며 수소문해서 한국으로 가는 배를 타고 귀국을 하게 되었고, 그후 김찬호 목사가 출생했다고 한다.

기도의 능력도 상속되는지 모른다. 김찬호 목사가 공직생활을 접고 목사가 되어 인주교회에 첫 부임했을 때였다. 동네 집집마다 심방하여 기도를 해주었는데, 누군가 맨 마지막 집에는 가지 말라고 귀띔을 해주었다. 동네 한복판에 살던 부인인데 나환자가 되어 혼자 가족과 떨어져 따로 산다는 것이었다. 의협심과 패기가 있는 그는 주위의 만류에도 불구하고 찾아가 손을 잡고 간절히 기도를 해주었더니 얼마 후 병이 나아 교회에 나오게 되었다고 한다. 이 소문을 듣고 찾아오는 사람들이 하루가 다르게 늘어났다.

70세면 정년퇴직을 하여 일선에서 물러날 나이지만, 그는 특별한 능력을 인정받아 평생교육원을 운영하면서 일 년 전부터 개척교회를 맡아 목회까지 겸한다. 사실 우리나라에서 개척교회를 한다는 것은 쉬운 일이 아니다. 그런데 일 년도 안 돼 개척교회의 재적인원이 200명이나 되어 무럭무럭 성장하고 있다. 어머니의 기도 능력이 자식에게 상속된 것이다.

# 100% 이뤄지는 기도 50가지

✳ ✳ ✳

절대자의 혈통을 유지하라. 손은 안으로 굽게 마련이다. 먼저 사람이 되라.
절대자는 사람의 기도만 들어준다.

**01.** 기도는 영혼의 호흡이다. 쉬지 말고 기도하라.

**02.** 시험도 대충 쓰면 떨어진다. 철저히 준비하라.

**03.** 청소는 해도 해도 끝이 없다. 마음 청소를 먼저 하라.

**04.** 건성으로 하면 헛물 켠다. 지극정성으로 기도하라.

**05.** 꽃은 시들기 전에 물을 줘야 한다. 미리미리 기도하라.

**06.** 마음속 밑그림이 작품으로 탄생한다. 화가처럼 기도하라.

**07.** 시인은 혼을 넣어 시를 짓는다. 시인의 심정으로 기도하라.

**08.** 신혼부부는 날 새는 줄 모른다. 신혼부부의 열정을 배워라.

**09.** 꽃과 함께 있으면 향기가 묻어난다. 꽃집 아가씨가 되어 기도하라.

**10.** 갑자기 거래하려면 씨알이 안 먹힌다. 미리부터 단골이 되라.

**11.** 그분이 오기를 기다리지 말라. 내가 먼저 달려가라.

**12.** 고객만족 고객감동이다. 그분은 VVVIP 고객이다.

**13.** 미지근한 기도는 하지 말라. 커피처럼 따끈하게 하라.

**14.** 순금은 99.99%다. 순금의 순수성을 회복시켜라.

**15.** 기도를 웅변으로 착각 말라. 자연스럽고 조용하게 기도하라.

**16.** 숯도 여러 개가 모이면 용광로가 된다. 모여 한목소리로 기도하라.

**17.** 내 입장에서 기도 말라. 떡 줄 사람 입장이 되어 하라.

**18.** 감사함으로 기도하라. 감사해야 감사할 일이 생겨난다.

**19.** 요행을 바라며 기도하지 말라. '혹시나' 가 '역시나' 된다.

**20.** 입으로만 기도 말라. 몸도 영혼도 함께 기도하라.

**21.** 절대자의 파트너가 되라. 파트너에게 추가 점수가 적용된다.

**22.** 밥 먹고 기도하라. 에너지가 고갈되면 기진맥진한다.

**23.** 간단명료하게 기도하라. 길어서 좋은 것은 방학과 휴가밖에 없다.

**24.** 모든 일에 감사하라. 감사해야 감사할 일이 생겨난다.

**25.** 투덜대지 말라. 불평 불만은 말의 쓰레기다.

**26.** 어디서나 겸손하라. 교만한 자의 기도는 영점 처리 된다.

**27.** 부모는 나를 위한 수호신이다. 수호신을 위해 기도하라.

**28.** 앞서간 분을 위해 기도하라. 그분들은 우리의 선배요 스승이다.

**29.** 기도를 글로 써 가지고 다녀라. 글에서도 기가 나온다.

**30.** 절대자는 사랑의 언어만 사용한다. 그분의 언어를 복제하라.


제2장  부모형제와 이웃을 위했는가?

**31.** 나를 위해 기도하지 말라. 나라를 위해 기도하라.

**32.** 목숨 걸고 기도하라. 그래야 이뤄진다.

**33.** 뜻을 위해 기도하라. 뜻은 어느 세계나 통한다.

**34.** 기도는 마라톤이다. 끈기를 가지고 기도하라.

**35.** 기도는 영혼의 식량이다. 최고의 것으로 준비하라.

**36.** 노느니 염불하라. 좋은 일이 생겨난다.

**37.** 기도는 하는 것이 아니다. 그분의 음성을 듣는 것이다.

**38.** 기도에는 때와 장소가 필요 없다. 자신이 성전이다.

**39.** 조용한 음성으로 기도하라. 그분의 청각에는 이상이 없다.

**40.** 절대 믿음으로 하라. 1%의 오염에 공든 탑도 무너진다.

**41.** 하늘은 스스로 돕는 자를 돕는다. 자기를 돕는 자가 되라.

**42.** 마음 문을 먼저 열어라. 마음 문이 닫히면 출입할 수 없다.

**43.** 가정을 천국으로 만들어라. 천국의 기도는 저절로 이뤄진다.

**44.** 다 함께 기도하라. "대~한민국"의 함성을 생각해 보라.

**45.** 달라고 기도하지 말라. 맡긴 것이 있으면 달라고 하라.

**46.** 달라고 기도하지 말라. 드리게 해달라고 기도하라.

**47.** 도둑질도 하다 보면 늘게 마련이다. 기도도 다를 것이 없다.

**48.** 성전에 꽃을 꽂지 말라. 나 스스로 꽃이 되라.

**49.** 말을 기도처럼 하라.

**50.** 기도하다 중단하지 말라. 이뤄질 때까지 기도하라.


운을 부르는 말과 행동 50

# 스마트폰을 덮고 책을 펼치자

요즘처럼 볼거리가 풍부한 시대는 일찍이 없었던 것 같다. 어딜 가나 시각적인 자극들이 넘쳐나 잠시도 지루할 틈이 없다. 어스름이 내리면 마을 사람들이 삼삼오오 TV가 있는 이장 댁 거실에 다 함께 모여 보았던 그 옛날의 흑백TV 시절에는 오늘 같은 시대가 오리라고는 감히 상상도 하지 못했다. 그 시절엔 이웃끼리 모여 간식을 먹으며 이야기를 나누는 재미가 어쩌면 더 커서 TV 시청이 친목도모의 구심점이 되기도 했다. 요즘은 한 집안에 사는 가족끼리도 제각각 스마트폰으로 자기 업무(?) 보기가 바빠서 서로 말 한마디 하지 않고 하루를 보내는 것이 일상이 되어버렸다.

우리 딸아이는 손자 녀석이 중학생이 되던 해부터 거실에 있던 대형

TV를 없애버렸다. 학업에 방해가 된다는 점이 가장 큰 이유였지만, 바쁜 남편이 퇴근 후 가족과 함께하는 짧은 휴식시간마저 TV에 빼앗겨버릴까봐 염려했기 때문이었다. TV가 주는 즐거움을 무시할 수 없기에 쉬운 결정은 아니었겠지만 결과를 보면 현명한 판단이었다는 생각이 든다. 확실히 TV를 없앤 뒤 가족끼리 대화하는 시간도 늘어나 서로의 일과나 고민에 대해 잘 알게 되어 더욱 화목해졌단다.

원래 언어감각이 뛰어나 독서를 즐겨하던 손자는 집에서 아무런 방해도 받지 않고 좋아하는 영어공부와 독서에 매진한 덕분에 원하던 대학에 합격했다. 지금은 미국 UCLA에서 공부하며 동양인으로서는 처음으로 학보사 기자로 뽑혀 활동하고 있다.

작년에 S그룹 상무로 승진한 사위를 내조하느라 더 바빠진 딸아이는 엄살을 보태어 얼굴 보기가 하늘의 별따기처럼 어려워졌지만, 자식들이 다 잘되는 모습을 보니 부모로서 뿌듯하다. 젊었을 때부터 내가 아는 독자들은 〈재치문답〉, 〈가족오락관〉, 〈퀴즈탐험 신비의 세계〉 등의 프로그램에 방송 출연하던 내 모습을 보고 팬이 되었다는 분들이 많다. 재밌는 것은 나는 그 시절부터 TV를 보지 말자고 주장했던 사람이라는 점이다. 한번은 K사 교양 프로그램에 출연하여 그런 발언을 했다가 생방송이 끝나자마자 사장실로 불려 올라가 혼이 난 적도 있었다.


운을 부르는 말과 행동 50

"이 선생! 방송하시는 분이 TV를 보지 말라고 하다니 제정신으로 한 소립니까?"

"아니, 제 말은 시답잖은 드라마를 보느라 주부들이 아까운 시간을 낭비하고 있으니 말리려는 뜻에서 그런 거지요. 우리 프로그램처럼 유익한 방송이라면 왜 보지 말라고 하겠습니까?"

나의 진심을 전하고 나서 그 일은 해프닝으로 마무리되었지만 나중에 집에서 TV를 없애버린 딸아이를 보니 역시 '부전여전'이 아닌가 싶다. 그리고 이러한 노력이 아이를 키우는 내 딸 또래의 다른 부모들에게도 교육적으로 추천할 만한 아이디어라는 생각이 든다.

결국 교육의 핵심은 시간을 어떻게 활용하느냐에 달려 있다. 콩나물에 매일같이 물을 주면 그 물이 다 밑으로 빠지는 것 같아도 콩나물이 쑥쑥 자라는 것처럼 아이에게 매일 어떤 시간을 양분으로 주느냐에 따라 미래가 달라진다. 특히 나의 경우 어려서 학교 책상 앞에 앉아 있던 시간보다 몸이 아파 누워 지내던 시간이 더 많았던 만큼 누구보다 독서를 통해 얻은 교육의 효과를 몸소 체험했기에 자신있게 말 할 수 있다.

1:19

이 스코어는 우리나라와 일본의 노벨상 수상 숫자다. 이 점수가 축구

경기의 결과였다면 땅을 치고 분해하는 사람들이 얼마나 많을까.

사고의 힘은 독서로부터 나온다. 스마트폰을 덮고 책을 펴자.

# 독서가 주는 공덕 50가지

* * *

사람이 책을 만들고 책이 사람을 만든다. 세상에서 가장 아름다운 손은 책을 든 손이다.

**01.** 책처럼 즐겁고 유익한 것도 없다. 신혼부부만 밤새는지도 모르는 것은 아니다.

**02.** 배움은 오늘보다 나은 내일을 만든다. 나날이 향상하는 데 독서가 제일이다.

**03.** 책처럼 큰 스승도 없다. 책을 펴기 전에 존경과 감사부터 하자.

**04.** 세상은 빠르게 변화한다. 바빠도 책을 가까이 하는 사람만이 살아남는다.

**05.** 책 1권을 읽은 사람과 10권 읽은 사람은 수준이 다르다. 수준 높은 사람이 되라.

**06.** 많이 읽고 쓰고 생각하라. 어느새 스승으로 변한다.

**07.** 수입의 10%는 자기계발비로 써라. 나는 30%를 쓴다.

81

**08.** 경쟁시대에 밀리면 끝난다. 제발 스마트폰에 매달리지 말라.

**09.** 주량을 자랑 말고 독서량을 자랑하라. 가문의 영광이 재현된다.

**10.** 세종대왕은 집현전에서 젊은 인재를 키웠다. 인재(人材)가 못 되면 인재 (人災)가 된다.

**11.** 독서의 달인은 치매에 안 걸린다. 두뇌 회로가 다르게 변하기 때문이다.

**12.** 풍부한 경험을 가진 사람이 성공한다. 경험 하면 독서다.

**13.** 주방장을 뽑을 때도 유경험자가 우선이다. 책을 통해 남보다 앞서라.

**14.** 독서는 동서고금을 실시간으로 왕래한다. 항상 지참하라.

**15.** 독서는 잠자는 능력을 일깨운다. 자신을 거인으로 변화시켜라.

**16.** 욕 중에 가장 큰 욕은 무식한 놈이다. 책을 통해 유식한 사람이 되라.

**17.** 독서는 사람을 새롭게 창조한다. 신창조인이 되라.

**18.** 독서 장소는 무한하다. 지하철, 터미널, 커피숍도 좋은 장소다.

**19.** 독서시간은 마음대로 가능하다. 자다가도 읽고 기다리면서도 읽는다.

**20.** 시공을 초월해서 만나고 싶은 사람도 만난다. 나는 이순신 장군과도 종 종 만난다.

**21.** 나는 영어를 못하지만 빌 게이츠도 만나 그분의 지혜를 전수받는다.

**22.** 독서를 많이 하면 장수한다. 두뇌 속에 에너지가 충만해지기 때문이다.

**23.** 책 한 권이 스승 한 분이다. 매달 10권이면 1년에 스승 120분의 지도를 받게 된다.

**24.** 야구선수가 골프를 잘한다. 책 많이 읽는 사람은 글을 잘 쓰게 된다.



운을 부르는 말과 행동 50

**25.** 좋은 책을 많이 읽어라. 풍부한 감성과 무한한 상상력이 넘치게 된다.

**26.** 내가 좋아하는 사람의 책을 많이 읽어라. 그 사람과 같은 수준으로 향상된다.

**27.** 내가 독서왕이 되면 자녀도 독서왕이 된다. 그것이 붕어빵 효과다.

**28.** 독서의 반복이 천재를 만든다. 사고력, 판단력, 이해력이 능력자로 만들어준다.

**29.** 독서 습관을 들여라. 자투리 시간도 값지게 활용한다.

**30.** 독서인은 품위가 돋보이고 존경심도 우러난다. 자신을 높여보자.

**31.** 책을 읽으면 돈이 되고 명성이 된다. 읽은 책이 직업에 활용되기 때문이다.

**32.** 돈 없다 소리를 하지 말라. 점심 굶고 책을 사 읽은 사람이 대기업 임원이 되었다.

**33.** 책을 읽을 때마다 수준이 높아진다. 저자의 사상과 감정에 이입되기 때문이다.

**34.** 독서를 많이 하면 꿈은 쉽게 이루어진다. 그대로 하면 되는 것이다.

**35.** 책은 읽을수록 두뇌가 젊어진다. 많이 읽고 많이 생각하면 놀라운 변화가 생긴다.

**36.** 고기는 씹을수록 맛, 책은 읽을수록 맛이다. 좋은 책은 10번, 100번 읽어도 느낌이 온다.

**37.** 좋은 음식은 하루를 즐겁게 한다. 좋은 책은 평생을 즐겁게 해준다.

**38.** 습관 중에 최상의 습관은 독서 습관이다. 자녀에게도 독서 지도를 해 줘라.

**39.** 훌륭한 지도자를 보라. 독서의 함량이 현재를 만들어주는 것이다.

**40.** 직접 경험은 비용과 위험이 따른다. 간접 경험은 부담 없고 안전하다,

**41.** 독서클럽은 가장 훌륭한 모임이다. 다 함께 향상되기 때문이다.

**42.** 독서시간, 명상시간을 별도로 만들어라. 그래야 여유 있는 삶을 살게 된다.

**43.** 독서를 통해 희망과 의욕에 불을 붙여라. 적극적인 도전자가 된다.

**44.** 좋은 책을 읽다 보면 인간성도 좋아진다. 자연스럽게 동화되기 때문이다.

**45.** 새로운 세계를 구경하려고 여행을 한다. 독서는 무한한 세계여행이다.

**46.** 보석도 갈고 닦아야 광채가 난다. 사람도 예외가 아니다.

**47.** 강성관 씨는 신용불량자가 되었어도 책을 많이 읽었다. 이제는 출판사 사장이 되었다.

**48.** 독서는 나날이 향상하게 한다. 평생 상승운을 만들어주는 것이다.

**49.** 음식은 몸을 성장시키고 독서는 영혼을 성장시킨다. 밸런스를 맞춰라.

**50.** 독서는 운명을 바꿔놓는다. 생각과 행동이 변하기 때문이다.

# 행운은 식탁에서 결정된다

정성껏 차려놓은 밥상 앞에서 눈을 반짝이며 맛있게 먹어주기는커녕 싫다 맛없다는 식의 반찬투정을 늘어놓으면 어른이건 아이건 도무지 예쁘게 보이질 않는다. 맛이 있고 없고를 떠나서 만든 사람의 정성을 고맙게 생각하고 먹는 것이 예의이다. 하지만 좋고 싫은 감정표현이 그대로 얼굴에 드러나는 아이들에게 이런 이야기는 먹혀들지 않으니 엄마들은 답답하다.

서양에서는 아주 어린 나이부터 식사예절을 엄격하게 가르치는데, 식사예절이 모든 사회생활의 기본이 되기 때문이다. 그들은 철자법을 틀리는 사람과 식탁 매너가 제대로 갖춰져 있지 않은 사람은 성인 취급을 하지 않는다. 아직 사회생활을 하기에는 부족하니 집에서든 학교에서든 더 배우고 오라는 뜻이다.

내가 아는 모 회사 대표는 비즈니스 파트너가 일식당에서 코스로 정찬을 대접하는 자리에서 음식에서 비린내가 난다고 항의를 하다가 그만 좋은 사업의 기회를 놓치고 말았다. 공적인 자리에서 그렇게 음식 타박을 하는 사람의 인격을 신뢰할 수 없다는 것이었다. 한 회사의 사장 정도 되는 인물이 그만한 상황 판단이 되지 않을 리 없다. 그럼에도 습관이 되면 자신도 모르는 사이에 때와 장소를 구분하지 않고 튀어나오는 게 반찬투정인가 보다. 어릴 때부터 밥상머리 교육이 그래서 중요한 것이다.

나도 어렸을 적에 밥을 먹기 싫어해서 식사 때만 되면 누이들과 숨바꼭질을 하기에 바빴다. 안 먹으려고 도망 다니는 나를 살살 달래가며 겨우 밥 반 공기를 먹이고 나면 누이들이 완전히 지쳐버렸다. 당시 아버지는 음식이라면 뭐든 감사히 먹으라고 가르치셨고, 전날 저녁에 먹고 남은 불어터진 칼국수도 다음날 아침에 맛있게 잡수셨다. 이런 아버지에게 내 행동은 도저히 용납되지 않는 일이었을 텐데, 워낙에 몸이 아프고 기운이 없어서 뭐라도 먹여보려고 참으셨던 것 같아 죄송한 마음이 든다.


운을 부르는 말과 행동 50

예절도 예절이지만 아이의 건강을 생각해서라도 편식을 하지 않게 하려고 요즘 엄마들은 무척이나 애를 쓴다. 아이가 싫어하는 식재료를 다지고 갈아서 좋아하는 재료에 섞기도 하고 알록달록한 색감과 귀여운 동물모양을 살려 아이의 호기심을 자극하기도 한다. 아이가 웬만큼 말귀를 알아듣는다면 "엄마가 너를 위해 정성껏 만들었는데 먹어보지도 않고 싫다고 인상을 찌푸리면 엄마가 얼마나 슬픈지 몰라. 앞으로는 그렇게 하지 않았으면 좋겠어." 하는 식으로 감정에 호소해 보는 것도 방법이라고 한다. 시중에는 밥 먹기 싫어하는 아이를 위한 동화책도 나와 있다고 하니 어떤 식으로든 도움을 받아서 아이의 음식투정을 교정해 주는 것이 좋다.

강감찬 장군은 13세에 아버지를 따라 꽤 먼 곳에 있는 아버지의 친구 집을 찾아갔다. 새벽에 출발했는데 점심때가 지나서 도착했으니 배가 무척 고팠을 것이다. 얼마 있다가 밥상이 나왔는데 꽁보리밥과 된장국


제2장 부모형제와 이웃을 위했는가?

이 전부였다. 강감찬은 국에 밥을 말아 먹는데 아버지는 국을 한 숟가락 떠먹어보고는 너무 짜고 써서 숟가락을 내려놓고 아들에게 말했다.

"국이 꼭 탕약 같은데 어쩌자고 간도 보지 않고 밥을 전부 말아 먹고 있느냐?"
"제 몫은 제가 책임져야 하는 줄 압니다."

그런데 이때 문 밖에서 강감찬 부자의 대화를 듣고 있던 아버지의 친구가 회심의 미소를 지으며 방으로 들어왔다.

"네 이름이 강감찬이라 했느냐?"
"그렇습니다, 어르신."
"나에게 과년한 딸이 하나 있는데 아직까지 시집을 못 갔다. 너를 사위 삼고 싶은데 네 생각은 어떠하냐?"
"어르신의 뜻이 정 그러시다면 따르겠습니다."

역사 기록을 보면 강감찬은 5척 단신, 그의 아내는 7척 장신이라고 나와 있다. 나이도 강감찬보다 연상에 외모 또한 볼품없어 혼례를 구경하러 온 동네 사람들은 신랑이 아깝다고 수군거렸다. 그러나 이 여인은 총명하고 예지력과 전술전략에 뛰어나 훗날 강감찬이 전쟁에서 백전백승

하는 명장이 되도록 훌륭히 보필했다. 나라를 구한 영웅으로 후세에 길이 남은 강감찬은 어려서부터 무엇이든 감사히 먹는 습관 덕분에 행운의 주인공이 될 수 있었던 것이다.

# 부모 칭찬의 기술

여든 노모가 예순 아들에게 차 조심을 당부하듯이 부모 앞에 자식은 늘 챙겨주고 싶은 대상이다. 그러나 평생을 아이와 함께 살아줄 수도 없고 그렇게 해서도 안 되므로 아이가 지나치게 의존적으로 자라지 않도록 양육해야 할 책임 또한 부모에게 있다. 독립심은 남에게 의지하지 않고 살아가려는 마음으로 자존감이 바탕이 되어야 독립심도 생겨난다.

자존감의 뿌리는 부모의 관심과 사랑이다. 일본 격투기선수 추성훈의 세 살짜리 딸 '사랑이'는 부모 옆에서 놀다가 넘어져도 오뚝이처럼 벌떡 일어나서 또 웃으며 걸어간다. 그런데 많은 부모들이 넘어진 아이보다 더 호들갑을 떨며 달려가 일으켜주고 얼러준다. 아이의 아픔에 대해

공감하는 것은 필요하지만 그렇다고 아이가 혼자 다니는 것을 겁낼 정
도로 불안감을 심어줘서는 안 된다.

"그래 넘어져서 아프지, 그렇지만 큰일난 건 아니야, 걷다 보면 넘어
지기도 하고 그러는 거야, 다시 일어나면 아무렇지도 않아, 그래 일어나
자, 봐 일어날 수 있잖아, 혼자 잘할 수 있네? 그래, 참 잘했다!" 하는 격
려와 아이를 믿어주는 마음, 아이가 스스로 할 수 있도록 기다려주는 마
음이 필요하다. 부모가 먼저 조급하고 불안해서 아이에게 달려가 모든
것을 다 해주기 전에 한 박자 참고 아이 스스로 할 수 있도록 응원하고,
스스로 해냈을 때 칭찬을 해주는 것이 중요하다.

일본 엄마들이 한겨울에도 자신은 밍크를 두르면서 자녀에게 반바지
를 입혀 학교에 보내는 것을 보고 나는 감탄했다. 감기에 대한 면역력을
길러주기 위해서란다. 일본 유치원생들은 일년 내내 반바지를 입고, 초
등학생 중에도 그런 아이가 많다고 한다.

아이를 키우면서 말실수를 참 많이 하지만 그 중에서도 "넌 나 없이
어떻게 살래?", "제대로 할 줄 아는 게 뭐가 있니?" 등등 자존감을 꺾는
말들이다. 부모 딴에는 잘하라는 뜻으로 한 말이라도 자꾸 듣다 보면 정
말 혼자서는 아무것도 못 하는 어른이 되고 만다. 자칫 잘못하면 집안

싸움까지 날 수도 있다. 시어머니가 다 큰 아들에게 "나 없으면 안 돼"라고 말하면 옆에서 듣는 며느리는 자기를 무시했다고 생각할 것이고, 딸을 시집보내면서 "애는 할 줄 아는 게 하나도 없어요." 하면 시부모가 듣기에는 "도대체 가정교육을 어떻게 시켰길래?"라는 말이 나오게 된다. 설마 자기는 안 그럴 것이라고 하는 어머니도 버릇이 버릇이다 보니 하루아침에 고쳐지지 않아 자기도 모르는 사이에 툭 튀어나오고 만다.



부모가 믿어줘야 아이도 자기 자신을 믿는다. 세상 사람 다 안 믿어줘도 내 부모만큼은 날 믿어준다는 믿음은 한 사람의 인생에서 가장 절망적인 상황에서도 살아갈 힘을 주고 용기를 준다. 부모의 믿음이 자존감의 원천이라는 것을 우리는 이미 알고 있지 않은가.

# 증자의 돼지

자녀를 학교에 맡겨놓고 교육문제는 해결되었다고 생각하면 큰 오산이다. 학교에서는 학업성적으로 평가되지만 세상살이에서 학교 점수는 무용지물이다. 선거는 개표해 봐야 결과를 알 듯이 자녀는 내 품을 떠나야 안다. 학교생활은 인생의 일부분이며, 나머지는 모두 세상살이어서 사회생활과 가정생활을 어떻게 하느냐로 자식농사의 결과를 알게 된다.

학교에서 점수를 잘 받지 못했다고 화를 내거나 잘 받아왔다고 크게 좋아할 것도 없다. 자녀는 너나없이 위대하게 태어났지만 잘못된 부모 교육으로 전봇대를 깎아 이쑤시개로 만드는 경우가 되기도 한다.



제2장  부모형제와 이웃을 위했는가?

맹모삼천지교(孟母 三遷之敎)는 맹자 어머니가 아들을 훌륭히 키우기 위해 세 번씩이나 이사했다는 고사에서 유래한다. 처음에는 상인들이 있는 동네에서 살다 보니 돈에 눈이 멀까봐 이사했다. 두 번째는 장례식장이 있는 동네여서 만날 통곡하는 것을 보고 맹자가 이를 흉내내자 여기도 아니라는 생각에 서당이 있는 동네로 마지막 이사를 했다. 이때부터 스스로 공부를 하고 좋은 스승을 만나 훌륭한 학자의 기틀을 잡은 것이다.

요즘 사람들은 이삿짐센터가 있고 차를 타면 먼 길도 가까워 이해가 안 되는 얘기지만 전에는 사정이 다르다. 이삿짐만 옮긴다고 이사가 끝난 것은 아니며, 생활터전과 이웃이 바뀌면 모든 관계도 새롭게 만들어야 하기 때문에 힘든 것은 어쩔 수 없다.

그러나 맹자의 어머니는 이사라는 홍역을 세 번씩이나 치르면서 좋은 교육환경에서 아들을 훌륭히 키워 수천 년이 지난 지금까지 우리 가슴속에 훌륭한 어머니로 살아 있는 것이다.

맹자에 버금가는 훌륭한 학자 중에 증자(曾子)가 있다. 어느 날 아내가 시장에 가는데 어린 아들이 따라간다고 떼를 쓰자 아들을 구슬리려고 없는 말을 했다. "집에서 잘 놀고 있으면 돼지 잡아 맛있는 요리를 해줄게." 그런데 장에 갔다가 돌아와 보니 증자가 이미 돼지는 잡아놓았고 가마솥에 물을 끓이고 있었다.


운을 부르는 말과 행동 50

"돼지는 우리 재산 목록 1호인데 그걸 잡으면 어떻게 해요?"
"당신이 아이에게 약속했잖소?"
"장난으로 한 건데….”
"장난으로 한 약속도 약속은 약속이오."

그후부터 증자의 부인은 절대로 헛된 말을 하지 않았다.

나의 아버지는 평생 일기를 쓰셨는데 그것을 보고 자라난 나는 초등학교에 들어가기 전부터 일기를 썼다. 초등학교에 다닐 때 방학 때마다 일기 숙제 때문에 골치를 앓는 친구들을 상대로 일기 알바(?)까지 하여 소득을 높였다.

직장의 출근시간도 약속이어서 지각이 잦으면 불이익이 생긴다. 그런데 도로 사정이나 자동차 고장 등으로 본인의 의도와 관계없이 지각을 하는 경우도 생기련만, 삼성카드의 위수복 상무는 단 한 번도 지각을 한 적이 없다. 어쩌다 회사에 1분 만 늦어도 집으로 돌아와 결근계를 냈다. 이유 여하를 막론하고 약속을 어긴 것에 대한 자기 처벌이고 부하들에 대한 무언의 경고요 솔선수범이다. 세 살 적 버릇 여든까지 간다고 자녀 눈에 '엄마 아빠는 약속을 꼭 지키는 사람' 으로 보여야 한다.

# 지적을 대신하는 칭찬의 기술

요즘 젊은 엄마들은 칭찬의 중요성을 잘 알고 있다. 칭찬은 TV나 육아서적을 통해서 반복적으로 강조되고 있는 자녀교육의 화두이기도 하다. 밖에 다녀보면 어떤 엄마들은 아주 사소하고 당연한 일이라도 일부러 과장되게 표현하며 칭찬을 해주는 경우가 있다. 그런데 칭찬은 무조건 하면 약이 아니라 독이 되기도 한다. 아이가 뭘 하기만 하면 칭찬을 하는데, 마치 갓난아이가 똥을 싸도 칭찬하고 트림을 해도 칭찬하는 것과 같다.

글을 읽고 부모와 대화를 나눌 정도로 성장한 어린이에게 갓난아이에게 할 만한 흔한 칭찬을 조건반사적으로 하는 엄마들을 종종 본다. 이는 사랑으로 받아들이기보다는 부모가 아이에게 진심으로 관심을 보이고 있지 않다는 메시지를 줄 수 있다. 요새말로 진정성이 느껴지지 않는다는 것이다.

아이에게 감동을 주는 칭찬은 형식적인 칭찬이 아니라 아이를 잘 관찰한 후에 본인도 미처 깨닫지 못한 장점을 알아주는 것이다. 이런 칭찬은 일부러 과장되게 표현해야 할 필요 없이 있는 그대로 사실을 말하면서도 아이의 자신감도 높여주고 존중을 받고 있다는 느낌도 준다. 보통 창의력과 관찰력이 좋은 사람에게 '참 센스가 있다' 는 말을 하는데, 센스는 직장생활이나 대인관계, 자녀교육에서도 윤활유 역할을 하는 중요한 덕목이다.

〈책 놀이 책〉의 저자 오승주 씨는 아이의 자존감을 높여주는 '고급 칭찬' 두 가지를 소개했다. '지적을 대신하는 칭찬' 과 '부모 자신을 낮추는 칭찬' 이다. 일명 '스칼 칭찬' 이라고 하는 지적을 대신하는 칭찬은 당근과 채찍을 함께 주는 칭찬법이다. 우선은 잘한 점을 인정하고 칭찬을 해준 다음 아이가 미처 살피지 못한 부분을 알려주며 '이것만 보완하면 최고다' 라며 조건부 칭찬을 더해준다.

이것은 내가 상담할 때 내담자에게 조언을 해주는 방법이기도 하다. 성인이나 아이나 지적을 받으면 아무리 옳은 말이라도 받아들이기보다는 거부반응을 일으키기 쉽다. 그럴 때 이 방법을 사용하면 지적당한 느낌보다는 스스로를 보다 향상시킬 수 있도록 좋은 정보를 제공받는다는 느낌이 들기 때문에 훨씬 효과가 높다. 무엇보다 부모가 진심으로 이해하고 존중하고 있다는 점을 상대 혹은 아이에게 인식시킬 수 있다.

상반되는 두 이야기를 연결할 때 '그러나' 나 '하지만' 같은 역접의 접속어보다는 '그리고(yes, and)', '그러면' 같은 순접의 접속어를 활용하면 똑같은 내용이라도 지적보다 조언의 느낌을 더 살릴 수 있다.

예를 들어 "성범이는 책을 많이 읽어서 그런지 아는 것도 많고 발표도 참 잘하는구나. 그리고 친구가 얘기할 때에는 네가 하고 싶은 말이 있어도 먼저 귀를 기울여주는 것만 연습하면 정말 완벽하겠다."와 같은 방식이다.

칭찬은 상대를 높이는 방법도 있지만 자신이 겸손해짐으로써 상대를 높여주는 것 또한 같은 효과를 준다. 부모가 자기를 낮추는 칭찬을 사용하면 심리적으로 한 가지 이점을 더 챙길 수 있다. 부모에게 인정받고 싶고, 부모보다 더 잘하고 싶은 아이의 욕구를 속시원히 만족시켜 줄 수 있기 때문이다. 내가 손자들에게 많이 썼던 칭찬법은 바로 나를 낮추는 칭찬법이다. 내가 먼저 다가가 눈높이를 맞춰주고 인정을 해주니 세대 간 격차도 줄어드는 효과까지 누릴 수 있다.


운을 부르는 말과 행동 50

손자가 초등학교 2학년 때쯤이었을까? 우리 모임에는 매년 입춘첩을 써서 회원들에게 선물한 서예가가 있었는데, 그날도 입춘첩을 받아서 우리집 현관에 붙여놓았다. 그랬더니 손자 녀석이 궁금했는지 문에 붙어 있는 한자가 무슨 뜻인지, 왜 붙여놓는지를 제 엄마에게 물어봤다. 그래서 딸아이가 봄을 맞아서 그 집에 복이 많이 들어오라며 환영하는 뜻으로 붙이는 것이라고 설명해 주었다.

다음날 저녁에 우리집 현관에 붙어 있던 입춘첩이 우리가 사는 아파트 동 입구에 붙어 있었다. 아내에게 물어보니, 성범이가 복이 들어오는 것이라면 아파트 입구에 붙이면 우리 아파트에 사는 사람들 모두가 복을 받을 수 있겠다며 입춘첩을 옮겨 붙이자고 했다는 것이다. 생각이 참 기특하기에 "너는 어떻게 그런 생각을 했니? 할아버지나 엄마, 아빠보다 훨씬 똑똑하구나!" 하고 칭찬을 했더니 아이는 머쓱해하면서도 좋아했다.

그 이후로도 손자들이 나에게 감동을 줄 때마다 나는 "네가 나보다 낫구나!" 하고 칭찬을 했고, 그 말은 아이들에게 적잖이 동기부여가 되었던 것 같다. 정말 그 나이 때의 나보다 건강하고 훌륭하게 자라서 부모를 뿌듯하게 해주고 있다.

# 공감하고 마음 읽어주기

사춘기 자녀를 둔 부모는 스트레스가 이만저만이 아니다. 아이가 학교에서 돌아오면 얼굴을 살피는데, 뭔가 고민거리가 있어 보여서 말을 걸면 아무것도 아니라는 식으로 대화를 회피한다. 또는 몇 마디 오가지도 않았는데 엄마가 뭘 아느냐면서 짜증을 부린 채 자기 방으로 들어가 문을 닫아버리기 일쑤다.

부모는 부모대로 도통 말도 하지 않고 속을 알 수 없는 아이 때문에 애가 타고, 아이는 아이대로 자기 맘을 몰라준다고 서운해한다. 이게 다 표현의 문제인데 둘 다 자기 잘못은 생각하지 못한다. 그래도 부모는 보다 성숙한 입장이니 관계 개선을 위해 먼저 노력하면 아이가 달라지게 마련이다.



운을 부르는 말과 행동 50

　　대부분의 부모들이 결과나 현상만을 보고 아이의 행동을 미루어 짐작해서 야단을 친다. 하지만 아이는 자초지종을 묻지도 않고 목소리부터 커지는 부모와 대화할 의욕을 잃고 만다.

　　우리 아들이 중학교 1학년 때였다. 퇴근해서 집에 들어오니 아내가 걱정스러운 얼굴로 나를 안방으로 잡아끌었다.

　　"여보, 쟤 어떻게 해요? 큰일났어요! 글쎄 아까 간식을 주려고 아들 방에 갔더니 자로 자기 고추 길이를 재고 있지 뭐예요! 쟤 무슨 일을 내려고 그러는 걸까요? 당신이 같은 남자니까 잘 좀 얘기해 봐요."

　　대부분의 아버지들은 이런 순간에 내심 긴장한다. 자녀교육은 아내가 알아서 하는 줄 알았는데 갑자기 어려운 문제를 들고 와서 남자끼리 얘기해 보라니…. 사실 뭘 어떻게 잘해야 할지 되묻고 싶어진다. 하지만 이때 아버지 역할은 훈계가 아니라 고민을 털어놓을 수 있는 선배가 되어주는 것이다. 그러니 어렵게 생각할 것도 없다.

　　나는 자연스럽게 아들 방에 노크를 하고 들어갔다. 어릴 때부터 같이 놀아주고 대화를 자주 하는 편이어서 진심으로 듣고 공감해 주면 해답을 찾을 수 있을 거라고 생각했다. 예상대로 아들이 풀이 죽어서 침대에


제2장 부모형제와 이웃을 위했는가?

엎드려 있었다. 나는 침대에 앉아서 나직한 목소리로 아들에게 말했다.

"애야, 나는 네가 왜 그랬는지 안다. 너 학교에서 다른 남자아이들이 고추 크기 재서 서로 자랑하니까 그랬던 거지?"
그랬더니 아들이 눈이 휘둥그레져서 되물었다.
"아버지, 그걸 어떻게 아셨어요?"
"어떻게 알겠니? 네 나이 때에 나도 재어봤지."

그랬더니 아이는 웃음을 터뜨렸다.

"친구들이 그런 얘기를 하면 자신은 어떤지 궁금하고 신경이 쓰이는 건 당연한 거야. 하나도 이상한 게 아니야. 그런데 사실 그런 것은 크다고 좋고 작다고 나쁜 것이 아니란다. 사람마다 다른 것뿐이지. 아버지가 걱정하는 건 잘못된 정보를 듣고 네가 괜히 의기소침해할까 걱정돼. 무슨 뜻인지 알지?"

나는 아이에게 그 이상의 다른 말은 하지 않았다. 만약에 내가 아이를 무섭게 혼내거나 겁을 주었더라면 아이는 괜한 죄의식에 사로잡히거나 부모와 더욱 거리를 둔 채 홀로 고민을 키웠을 것이다.

# 제3장

## 효자는 하늘이 돕는다

# 웃는 얼굴



효도관광은 우리의 풍습처럼 되었다. 아들 잘 두면 버스, 딸 잘 두면 비행기로 관광한다는 말도 있다. 아들 낳으려고 목을 매던 시절은 지나가고 '잘 기른 딸 하나 열 아들 안 부럽다.'로 구호가 바뀐 것은 세상이 변한 증거다.

요즘 세상이 바쁘게 돌아가다 보니 바쁘다는 핑계로 부모를 찾는 자식이 점점 줄어든다. 부모는 자식이 그립지만 이래라저래라 간섭하는 부모가 피곤하게 느껴지는 것도 부정할 수가 없다. 부모 입장에서는 충고이지만 자식 입장에서는 간섭으로 받아들이기 때문이다.

아무리 바빠도 시간을 쪼개 주말마다 부모를 찾는 자식들도 있다. 삼성카드 위수복 상무 부부가 주말마다 부모님 댁을 찾아가는 이유는 노부모를 즐겁게 해드리기 위해서다. 갈 때마다 일과처럼 하는 일은 고스톱 하기다. 부부간에도 악착같이 따려는 것이 고스톱이지만 이 부부는 부모님을 기쁘게 해드리려고 흔쾌히 패배를 선택한다. 좋은 패는 과감히 버리고 나쁜 패만 골라 모으는 것이다. 이들 부부는 매년 결혼기념일에 휴가를 내 여행을 가는데 이때 어머니를 대동한다. 남들이 보면 이상하다고 생각할지 몰라도 이 집에서는 일상이 되어 있다.

명성학원은 강북의 최고 학원이다. 그러나 처음부터 최고였던 건 아니다. 25년 전에는 6명의 학생을 놓고 시작한 자그마한 학원이었지만 지금은 서울에서 학원 규모로 따져도 몇 손가락 안에 들어간다. 이 학원에 들어오기 위해 다른 학원에서 공부하는 학생도 상당수다. 명성학원의 이덕희 대표는 가난하게 자라나 출발은 미약했지만 효심은 대한민국 누구도 따르기 힘들 정도로 대단하다 보니 끝은 창대해졌다.

일찍 혼자 된 어머니를 위해 주말은 '어머니의 날'로 정해 자녀들을 데리고 가서 재롱잔치를 벌인다. 같이 사시자고 해도 "아무래도 너희들이 불편하지. 필요할 때나 와라." 하며 거절하는 바람에 매주 일요일은 어머니를 찾아가 하루를 보낸다. 그리고 나서 돌아오면 또 혼자 계신 어머니가 안쓰러워 몇 번씩 전화를 건다. 그러는 사이에 학원은 미루나무처럼 하루가 다르게 쑥쑥 성장했고, 이제는 큰 규모의 학원으로 변모했


제3장 효자는 하늘이 돕는다

다. 얼마 전에는 외국에서 분교를 내겠다고 사람들이 찾아오기도 했다.

이상헌 하면 몰라도 〈흥하는 말씨 망하는 말투〉 하면 "아～" 하며 고개를 끄덕이게 만든 사람은 현문미디어의 이기현 대표다. 현문미디어는 나의 129번째 저서 〈흥하는 말씨 망하는 말투〉를 히트시킨 출판사다. 현문미디어는 최신 인쇄시설을 갖추고 100여 명이 힘을 합쳐 좋은 책을 만들고 있다.

이기현 대표의 효도법은 남다르다. 이미 오래전에 부모님은 세상을 떠나셨지만 집과 회사에 부모님 방을 별도로 만들어 놓았다. 그 방에 실물 크기의 부모님 사진을 모셔놓고 날마다 기도와 명상을 통해 이분들과 대화한다. 정치인들은 발등에 불이 떨어졌을 때나 현충원을 찾지만, 그는 하루 24시간 부모님과 함께 있는 것이다. 부모는 어느 세상에 계시든 최고의 수호신이라는 것을 알기 때문이다.

위수복, 이덕희, 이기현 세 사람의 공통점이 있다. 모두가 어렵다, 힘들다 하는 일을 맡았을 때에도 잘 닦인 고속도로처럼 일사천리로 일을 처리한다는 점이다. 효자는 하늘에서 특별관리를 해준다는 증거다.

# 엄마젖 먹고 싶어요, 하하하!

효자는 자기만 잘되는 것이 아니라 자녀까지 그 행운이 상속된다. 효자의 집안이 대대손손 영광을 얻은 것은 역사를 보아도 알 수 있다.

효도에 대한 얘기가 나오면 효도 못하는 자식들은 '없다 타령'을 한다. 돈이 없고 시간이 없고 등등의 변명을 하지만, 사실은 정성이 없다는 얘기가 정답이다.

있는 사람이나 없는 사람이나 노인이나 젊은이나 마음만 먹으면 매일 할 수 있는 효도법이 있다. 그것은 부모님에게 웃는 얼굴을 보여드리는 것이다.

내가 웃으면 부모님도 웃고, 내가 근심하면 부모님도 근심한다. 웃음은 건강장수의 특효약이어서 '하루 5분 만 웃어도 5일은 더 산다'는 학설도 있고, 치매를 예방한다는 학자도 있다. 부모님의 무병장수를 위해 웃음만한 명약이 없으니, 바빠서 찾아갈 수 없다면 전화로라도 밝은 기운과 웃음소리를 전해드리면 된다.

"… 어머니, 접니다. … 하하하!"
"(깜짝 놀라며) 아니, 갑자기 왜 웃고 난리냐? 무슨 좋은 일이라도 있냐?"
"좋은 일이요? 항상 좋지요. … 하하하!"

웃지 않던 사람이 웃으려면 어색하게 마련이지만 훈련만 되면 어디서나 폭소대왕이 될 수 있다. 웃음치료사의 강연을 듣는 것도 좋은 방법이다. 이들에게 배워도 되고 혼자 독학으로도 할 수 있다. 3시간 만 할애하여 웃기로 마음먹으면 웃음의 달인이 될 수 있다. 웃음 훈련이 끝난 다음 부모님에게 먼저 전화를 해보자.

"좋은 아침이에요, 어머니! 안녕히 주무셨어요? 아침부터 어머니 목소리를 들으니 전 행복합니다, 하하하!"


운을 부르는 말과 행동 50

처음 듣는 웃음소리라 부모님은 의아해할 수도 있다.

"얘는 새삼스럽게… 너, 혹시 뭐 먹고 싶은 거라도 있냐?"
"엄마젖 먹고 싶어요, 하하하!"

해보면 힘들 게 하나도 없다. 그동안 마음에 녹이 잔뜩 끼었기 때문에
뻑뻑했던 것이다.

# 가족 식사의 놀라운 효용

인기 스타와 그들의 자녀가 함께 출연하는 TV예능프로그램 〈아빠 어디가〉는 많은 사람들의 사랑을 받고 있다. 이들이 뉴질랜드의 홈스테이 가정에 가서 식사를 하는 장면이 방영되자 한 출판사 대표가 '뉴질랜드 간 아빠 어디가 가족들은 짐승이었다'는 제목의 칼럼을 썼다.

문화가 달라서라고 변명하기에는 손님으로서 식사 매너가 수준 이하였다는 것이다. 더벅머리에 세수도 하지 않은 채 식탁 앞에 앉은 아버지의 예의 없음이라니…. 집주인이 권하기도 전에 빵바구니로 날아드는 아이의 손을 보고도 아빠는 제지하지 않았다. 집주인이 권하기 전에 빵에 손을 대지 않는 것이 식탁예절이라는 것을 몰랐을까? 급기야 집주인이 직접 나서서 아이를 말릴 정도였다.

밥상머리 교육은 사실 우리 세대만 해도 새삼스러운 일이 결코 아니다. 어릴 때는 그것이 교육인지도 모르고 자연스럽게 받아들였던 부모님의 말씀이 훗날 돌아보면 훌륭한 인성교육이었음을 깨닫게 된다. 음식을 앞에 두고 불평하지 않기, 어른이 먼저 수저를 들기 전에 음식에 손대지 않기, 좋은 음식은 여러 사람을 배려해 적당한 양만 먹기 등등 감사와 공경, 배려를 식탁 앞에서 자연스레 익혔다. 뿐만 아니라 식사를 하며 하루의 일과가 자연스럽게 공유되는 가운데 부모·친척·어른·동기간의 조언과 격려를 들으며 인생살이의 지혜가 늘기도 했던 것이다.

가족 식사는 아이들의 인성뿐 아니라 성적에도 직접적인 영향을 미친다.

'가족 식사를 많이 하는 아이들은 그렇지 않은 동급생들에 비해 학업 성적에서 A학점을 받는 비율이 2배 높고, 청소년 비행에 빠질 확률은 1/2 정도 낮다.'

위의 연구 결과는 약물 중독의 원인과 오남용 실태를 연구하는 컬럼



제3장  효자는 하늘이 돕는다

비아 대학의 CASA연구진이 성장기의 파괴적 행동 양식(약물, 알코올, 담배, 10대 임신 등)으로부터 아이들을 보호하는 방법을 찾는 연구를 진행하여 밝혀낸 것이다. 이후 경각심을 가진 미국사회는 CASA를 중심으로 가족 식사를 권장하는 캠페인을 벌이기 시작했다. 매년 9월 넷째 주 월요일을 '가족의 날'로 정해 부모에게 가족 식사의 중요성을 일깨우는 날로 삼고 있다.

우리나라는 고등학생의 절반 정도가 부모와 함께 밥을 먹는 시간이 전혀 없는 것으로 조사되었다. '가족 식사'란 어느새 외식과 동의어가 되어버렸다. 특별한 기념일에 근사한 식당을 예약해야 할 것만 같은 부담감마저 든다. 그러나 식사란 그 자체로 이미 매일의 중요한 행사여서 어디서 무엇을 먹느냐보다는 모두가 함께 먹는다는 점이 중요하다. 식구(食口)란 밥을 함께 먹는 사람들이라는 뜻으로, 밥을 함께 먹지 않는다면 가족이라 말할 수 없다. 특히 부모와의 대화가 단절되어 갈등을 겪기 쉬운 10대 청소년들의 경우 가족 식사는 문제해결의 장이 되기도 한다.

국내외 명사들 중에는 부모와 함께하는 식사에 대한 소중함을 인식하고 자신의 자녀에게 이를 대물림하기 위해 애쓰는 사람들이 많다. 아침잠을 줄이고 급한 업무를 잠시 미루고서라도 20분 남짓 되는 가족 식사를 위해 식탁 앞에 앉는 것은 행복한 가정을 위해서도 소중한 의식이다.

미국의 오바마 역시 대통령이 된 이후에도 아내인 미쉘 그리고 두 딸과 함께하는 가족 식사를 가장 중요한 일과로 삼고 있다. 오바마는 저녁 7시가 되면 관저로 올라가 식사를 마치고 다시 집무실로 돌아와서 새벽까지 살인적인 업무를 소화해 내고 있다.

나는 오래전부터 아이들의 인성교육을 위해 가족회의를 할 것을 권장해 왔다. 가족회의는 가족 간에 활발한 대화를 통해 갈등을 해소하고 화합을 도모하는 좋은 수단이기 때문이다. 그러나 매일 가족 식사를 해온 가정이라면 가족회의도 필요하지 않다. 식사 시간에 이미 충분한 대화가 이루어질 수 있기 때문이다. 첨단기기의 발달로 이제 학습은 어디서나 가능해졌지만, 진정한 교육의 장은 온 가족이 둘러앉은 식탁이라는 사실을 기억하자.

# 조건 없이 베푸는 자 복을 상속한다

운을 부르는 말과 행동 50

　남을 조건 없이 도우면 대인이고, 대가를 받는 데만 돕는 사람은 소인이다. 또한 도움을 받고도 갚지 않는 사람은 악인이 된다. 악인이 되지 않으려면 받은 것에 배를 갚아야 한다.

　아버지는 거지들에게 밥을 먹이고 옷가지를 입혀 보낼 때 마당이라도 꼭 쓸도록 시키셨다. 공짜만 바라면 대대로 거지신세에서 못 벗어난다는 것이 아버지의 지론이어서 일하지 않으려면 먹지도 못하게 하셨다. 아버지의 팬(?)이 된 거지가족들은 새벽같이 빗자루를 하나씩 들고 마당을 쓸거나 장작을 패기도 했다. 그걸 보고 아버지는 등을 두드려주며 덕담을 아끼지 않으셨다.

아버지는 신학문을 배우기 위해 휘문학교에 들어갔지만 단발령으로 머리를 깎게 되자 서양 사람이 운영하여 규제를 받지 않는 기독청년 학교(YMCA)로 전학을 했다. 그때 옆자리에 앉은 사람이 작곡가 홍난파였다. 학교를 나온 뒤 고향 충북 진천에 있는 초평면장으로 평생 봉사를 하셨다. 외할아버지 이범수는 고종 황제 때 최초 해외유학생으로 옥스포드대학 유학 중에 딸이 태어났다는 소식을 듣고 지어 보낸 이름이 제인(Jane, 濟仁)이었다. 내 어머니는 진명여학교를 나오셨는데, 이준 열사의 따님과 절친이어서 어렸을 때 나는 어머니의 손을 잡고 그 댁에 갔던 기억이 난다.

아버지와 어머니는 동갑으로 아들 둘 낳고 그 다음에 연속으로 딸만 넷을 낳다가 아버지 45세에 막내로 내가 태어났다. 아버지는 너무 좋아 덩실덩실 춤을 추고 돼지를 잡아 동네잔치를 벌였다. 아버지는 그때부터 나와 함께 시간을 보내기 위해 면장을 그만두고 평생 나의 멘토가 되어주셨다. 지금도 꿈에 나타나 말씀을 전해주실 정도다.

농촌에서는 일을 할 때 밥 먹기 전에 "고시래~" 하며 밥 한 술을 들판에 버렸다. 들판의 새, 곤충들도 같이 먹고살자는 뜻이었다. 감나무에서 감을 딸 때도 꼭대기 몇 개는 까치가 먹으라고 해서 남겨두었는데, 그게 까치밥이다. 농촌에서는 이런 풍경들이 일상이었고 선행이라기보다는 선조들로부터 대대로 전해져 내려오는 하나의 삶의 방식(요즘 말로 하면 라이프스타일)이었다. 나는 그것을 보고 자란 덕분에 자연스럽게 받아들였지만, 나중에야 그것이 복을 지으며 살고자 하는 조상들의 지혜였다는 것을 알게 되었다.

서로 돕고 더불어 살아가는 것이 사람 사는 순리다. 항상 주기만 하거나 받기만 하는 사람은 아무도 없다. 주고받는 관계가 돌고 돌며 후손에게로 또 그 다음 세대로 이어지는 것이 세상 이치다. 내가 오늘 복을 짓느냐 아니냐에 따라 자손을 복 되게 할 수도 있고 불행을 물려줄 수도 있다. 후손에게 재산이 아니라 복을 짓는 방법을 물려주어야 한다. 돈은 사기를 당할 수도 있고 노름으로 날릴 수도 있지만, 복을 상속받은 자식은 어딜 가나 잘살 것은 틀림없기 때문이다.

내가 〈세계일보〉 전 사원 40차 교육을 끝내고 이어서 하루도 쉬지 않고 1,000회 칼럼을 연재할 때 각 언론사에서 초청하여 사원교육을 하게 되었다. 이때 한 언론사 대표가 긴히 할 말이 있으니 사장실에 가서 차를 한잔 하자고 했다.

“요즘 정치하는 인간들 중에는 쓰레기 같은 자들도 많습니다. 이 자들을 고발하는 칼럼을 시리즈로 맡아주시면 사례는 원하시는 대로 해


운을 부르는 말과 행동 50

드리겠습니다."

"나를 높이 평가해 주니 고맙군요. 하지만 나는 평생 사람들의 좋은
점을 찾아서 글을 써왔습니다. 우리집에서는 도둑이나 거지에게도 님
자를 붙여 얘기합니다. 만일 쓰라고 한다면 쓰레기의 효용가치를 쓰게
될 겁니다."

이 세상에 나쁜 사람이 따로 있는 것이 아니라 나쁜 점만 보니까 나
빠 보이는 것이다. 아마 그들의 자녀가 볼 때는 자랑스러운 부모일 것
이다. 복이란 짓기만 하는 것이 아니라 까먹기도 하는 것이다. 악담, 막
말, 없는 말을 지어내 중상모략하는 사람들이 당대에 화를 당하거나 자
녀가 화를 입는 경우를 수없이 보아왔다. 누구든 인연을 맺은 사람에게
도움을 주는 사람은 화도 변해 복이 된다.

 "인간은 누구나 창조주의 위대한 피조물이어서 만물의 영장인데,
이들을 욕하는 것은 창조주를 욕하는 것과 같다."

젊은이들을 대상으로 인성교육 강의를 전문으로 하는 조성용 교수
는 열정은 으뜸이나 아직 지명도가 높지 않다 보니 강의 청탁이 들어
오면 하나하나가 무척 소중하다. 그런데도 자기보다 더 늦게 강사생활
을 시작한 후배들에게 일정 부분 연결시켜 주는 선행을 하고 있다. 자

신도 다 겪어온 시절이 있어 청탁을 기다리는 그 간절함을 누구보다 잘 이해하기 때문이다. 그 마음 씀씀이가 갸륵해 나는 그를 신선이라고 부른다. 작은 것을 나누면 더 작아질 것 같지만 오히려 그 반대여서, 나누면 커지는 것이 복이다. 빌 게이츠를 보면 쉽게 해답이 나온다. 그런 의미에서 조성용 교수는 축구선수 기성용보다 훨씬 부자라는 생각이 든다.

김현주 씨는 이벤트 전문가다. 그는 틈만 나면 교도소로 달려가 수용자에게 신바람과 웃음을 선사한다. 수용자들은 하루이틀도 아니고 오랜 세월을 갇혀 있다 보니 가슴이 답답한데, 김현주 씨가 다녀가면 막혔던 가슴이 뻥 뚫린다는 것이다. 그들에게 김현주 씨는 장윤정이나 씨스타보다 인기 폭발이다. 김현주 씨는 행사를 끝내고 교도소 정문을 나갈 때쯤 되면 꼭 여기저기서 전화가 걸려오는데, 놀랍게도 모두가 강의를 해달라는 문의전화다.

목마른 사람에게 물 한잔 주는 것도 복을 짓는 일이다. 하물며 김현주 씨는 창조주의 많은 자녀를 구제하는 복을 지었기 때문에 그 보답을 받는 것이다. 사람의 마음에도 두께가 있어 후한 사람에게는 그에 걸맞은 복이 들어오지만, 박한 사람은 그에 걸맞은 화가 돌아온다.

도심의 건물 중에 화장실을 개방한 곳도 있지만 열쇠로 잠가두는 곳도 있다. 이를 관찰해 보면 재미있는 결론이 도출된다. 화장실을 아무나 이용하게 하는 곳은 장사가 잘되지만, 열쇠로 잠가둔 가게치고 잘되는 집은 별로 없다. 잠가두는 집은 사람들이 함부로 사용해 청소하기도 번거롭고 물 사용량도 늘어나 손해라고 생각하지만, 이는 하나는 알고 둘은 모르는 사람이다.

급히 일을 보고 나면 나도 모르게 "어, 시원하다"는 말이 절로 나온다. 자연발생적으로 나오는 말은 어떤 주문보다 월등히 큰 영향력을 미친다. 그것도 한 사람이 아니라 수많은 사람들이 말을 하는데, 시원한 일들이 생기지 않는다면 오히려 이상하다.

결국 남을 돕는 일이 나를 돕는 일이다. 그것을 모르면 들어온 떡도 먹지 못한다. 아버지는 늘 말씀하셨다.

"많이 주면 많이 돌아오고 적게 주면 적게 돌아온다. 그러니 아낌없이 주어라."

# 가화만사성의 원리

자식이 결혼할 때 신부 어머니는 눈물을 흘린다. 자녀를 위해 할일을 다했다는 감동도 있겠지만, '저 애를 보내고 나는 어떻게 사나?' 하는 적막감도 무시할 수가 없다. 어느 결혼식이나 신부 쪽 부모는 조금만 건드리면 울음이 터져나온다. 그래서 나는 주례를 설 때 일부러 분위기를 밝게 만들기 위해 노력한다. 만일 신부 부모가 눈물을 보이면 신부는 자신도 모르게 그 감정에 휩싸여 검은 눈물을 흘리고 만다. 결혼 후에도 좋을 때는 그냥 지나치지만, 어느 순간 그것이 빌미가 되어 별별 트집을 잡는 경우도 가끔 보기 때문이다.

부모세대는 자신의 의지와 관계없이 어른들이 선택한 대상과 결혼을 해 단칸방에서 사랑을 키워갔다. 하지만 지금은 독채 전세나 자기 소유



운을 부르는 말과 행동 50

의 아파트에서 신혼생활을 한다. 그렇다면 부모세대보다 100배는 잘살아야 하지만, 많은 젊은 여자들은 신혼 분위기가 사라지기도 전에 사네 못 사네 하고 친정으로 짐 싸들고 와서 부모 속을 새까맣게 태운다. 뼈빠지게 고생하여 키워놓고도 좋은 소리는커녕 이런 꼴을 보니 부모 입장에서는 억장이 무너진다. ‘우리가 전생에 무슨 죄를 지어서 이런 일이 생겼나?’ 하는 생각도 든다.

군대에 가면 제대할 때까지 끊임없이 훈련에 훈련을 거듭한다. 언제 터질지 모르는 전쟁을 대비하기 위해서다. 제대로 훈련된 병사는 제대하고 직장생활을 해도 자기 몫을 제대로 해낸다. 준비가 얼마나 중요한지 알기 때문이다.

그런가 하면 군대 안 가려고 이빨을 몽땅 뽑거나 무릎 수술을 받아 불구가 된 젊은이들은 결혼생활만 아니라 사회생활도 제대로 못한다. 2년 편하려다가 평생 그르치는 일도 비일비재하다. 세상살이란 적당히 해서 되는 것이 아니다.

인생 자체가 전쟁과 다를 것이 없다. 군대에서는 팀워크도 배우고 솔선수범, 선착순 집합도 배우지만, 이런 것을 모르는 친구는 제멋대로 살다가 제멋대로 간다. 우리의 인생도 프로만이 살아남게 마련이어서 프로가 되기 위해 교육처럼 중요한 것도 없다.

　어느 날 결혼 예정자의 부모로부터 주례를 서달라는 청탁이 들어왔다. 요즘 결혼하면 두 쌍 중에 한 쌍이 헤어진다는데 내가 주례 선 사람들은 모두 잘산다는 소문을 들었다는 것이다. 전부는 과장된 얘기이고 대부분이라는 것이 옳다. 한 쌍의 예비부부에게 사전교육을 시키고 사후관리까지 해주다 보니 문제들은 하나둘 없어지는 것이다. 결혼했다고 행복해지는 것이 아니라 상대방을 배려하고 솔선수범하는 자세가 행복을 만들어주는 것이다.

　부모들은 아들과 며느리가 오면 먼저 안색부터 살핀다. 얼굴의 기색과 표정을 보면 현재 어떤 상황인지 다 안다. 산전수전 공중전까지 겪어 말하지 않아도 한눈에 안다. 전화만 걸어봐도 자녀의 상황을 한눈에 꿰뚫어본다. 경찰서 수사과장보다 뒤떨어지지 않는 초능력을 가지고 있는 것이 부모이다. 드라마만 연출이 필요한 것이 아니라 행복하게 보여주기 위해서도 연출은 중요한 것이다.

　우리가 종종 "뭐 필요하신 것 없으세요?" 하고 여쭤보면 대부분의 부모님은 "내가 필요한 게 뭐가 있냐, 그저 너희들이 사이좋게 잘살면 그게 최고지." 하고 대답한다. 이것은 빈말인 듯하지만 그렇지 않다. 부


운을 부르는 말과 행동 50

모의 마음을 편안하고 기쁘게 해드리는 것 이상의 효도는 없다. 부부간에 서로 아껴주고 잘사는 모습을 보여드리는 것이 부모에게는 어떤 진수성찬보다도 배부른 광경이다. 이제는 할일을 다 마쳤다는 홀가분한 기분도 느낀다. 만약 하루가 멀다 하고 집안에서 큰 소리가 오가는 꼴을 보면 부모는 저세상에 가서도 누운 자리가 편치 않다. 자식교육을 잘못시켰다고 조상님들을 볼 면목이 없어서다.

S교수는 이름만 대면 금방 알 만한 유명인사인데, 이들 부부는 부모님 제사를 지낼 때 서로 꼭 안고 뽀뽀하는 모습을 보여드린다.

"우리가 이렇게 행복하게 삽니다."라는 것을 보여드리기 위해서다. 이 부부는 나의 조언으로 부모님 영정 사진을 교체했다. 올해부터 근엄한 사진을 활짝 웃는 사진으로 바꿨다. 요즘은 사진도 '웃는 예수' 가 대세인데 부모님도 행복하시라고 사진을 바꾼 것이다.

Y씨는 총각 시절 소위 잘나가는 훈남이었다. 인품 좋고 하는 일마다 잘돼 30세에 이미 60평짜리 아파트에 살고 있었다. 6남매의 막내지만 효심이 지극해 결혼하자마자 노부모를 자신이 모시고, 큰형 식구들은 새로운 사업을 위해 미국으로 이민을 떠났다.

그러던 어느 날 아내와 말다툼하다가 손찌검을 했는데 아내도 지지 않고 악착같이 치고받아 피투성이가 될 때까지 싸움이 끝나지 않았다. 그런데 누군가가 112에 신고하여 경찰들이 달려오는 바람에 이 부부는 일약 유명인사(?)가 되었다. 그후부터 이 부부는 서로 조금도 양보 없이 싸웠다. 서로 싫어서가 아니라 습관적으로 싸우는 것으로, 안 싸울 때는 언제 싸웠느냐 싶게 다정한 부부였다. 그 사이에 시부모가 돌아가시자 제사를 정성껏 모셨지만 이상하게도 일이 풀리지 않았다. 빚은 계속 늘어나 60평 아파트가 40평으로 줄어들더니 25평이 되었고, 결국은 전세로 갔다가 월세 신세가 되었다. 하도 답답하여 교회에 다니면서도 철학관에도 가보고 선녀님도 찾아가 보면 곧 좋아질 거라고만 얘기할 뿐이었다. 점점 힘들어지자 보다 못한 담임목사가 이 부부를 데리고 아침 일찍 찾아왔다.

"이 부부는 신앙이 무척 깊고 교회 일이라면 헌신적입니다. 그런데 왜 이토록 큰 시련을 겪는지 이해가 안 됩니다."

"마라톤을 뛰다가 선수가 갑자기 주저앉는 것은 대부분 신발 속에 튀어든 모래알 하나 때문입니다. 이 부부도 살아온 얘기를 들어보면 해답이 나올 것입니다."

그들이 살아온 얘기를 듣고 그제야 수긍이 갔다. 부부는 사업뿐 아니라 인생경영의 유일한 동업자이다. 그런데 두 사람이 이렇게 등


운을 부르는 말과 행동 50

결혼 초에 습관이 된 아내의 말버릇이 누가 있든 없든 남편을 사정없이 몰아붙이며 악운을 만드는 것이다. 말에는 씨가 있어 이를 말씨라고 한다. 이 부부는 결혼 후 지금까지 계속 불량 씨앗만 뿌려 불량 열매를 키워왔던 것이다. 나는 그들을 위한 새로운 처방을 만들어주었다.

"풍성한 수확을 기대하려면 좋은 씨앗을 좋은 토양에 뿌려야 가능합니다. 이제부터는 서로를 부부라고 생각하지 말고 내가 섬기는 창조주라고 생각하고 말과 행동을 공경하세요. 1단계로 40일간 해보세요."

이렇게 하여 40일이 지났을 때 이 부부는 전혀 다른 사람처럼 품격 있는 모습으로 나타났다. 절대 부정에서 절대 긍정으로 변한 것이 확실하게 보였다.

"이젠 두 분의 얼굴에서 광이 비치는군요. 어떤 변화가 나타나면 바로 연락을 주십시오."

그후 미국에서 사업에 성공한 큰형이 오랜만에 귀국하여 동생 집을 가보고는 예전에 살던 것과 같은 60평 아파트를 계약해 주었다. 그뿐만 아니라 사업 자금도 지원해 주기로 하고 떠나자 감격하여 나를 찾아왔다.

"지금 생각해 보아도 꼭 꿈꾸는 것 같습니다. 사실 부모님 제사를 형님이 모셔야 하는데 미국에 계셔서 제가 모셨어요. 그런데 미국의 영능자가 저희 부부가 부모님께 잘하여 복을 주려고 했지만, 하도 시끄러워(?) 그 복이 형님에게로 갔다고 얘기를 해 일부러 휴가를 내서 찾아와 우리를 도와야겠다고 결심했답니다."
"당신 부부가 계속 아웅다웅했더라면 아마 운을 받지 못했을 겁니다. 서로가 서로에게 감사해야 합니다."

가화만사성(家和萬事成)은 세계 어디나 공통된 언어다. 가정의 화목은 상대방을 내가 섬기는 신이라고 생각할 때 가능한 것이다.


운을 부르는 말과 행동 50

# 스킨십의 놀라운 효과

어렸을 때 배가 아파 쩔쩔매면 어머니께서는 "엄마 손은 약손" 하며 배를 문질러주셨다. 그러면 어느새 트림이 나고 거뜬하게 나은 경험을 안 해본 사람은 없을 것이다. 아내의 순수한 우리말은 마누라다. 어느 한글학자의 말에 따르면 마누라의 어원은 '마주보고 누워라'의 줄임말이라고 한다. 마주보고 누워야 스킨십이 가능하기 때문이다.

사이가 나쁜 부부는 등을 대고 자기 때문에 스킨십이 불가능하다. 마주보고 누웠을 때는 팔만 뻗으면 한 몸이 되지만 등을 대고 있을 때 한 몸이 되려면 지구를 한 바퀴 돌아야 한다. 눈에서 멀어지면 마음도 멀어진다는 옛말이 예삿말이 아니라는 것을 알게 된다.

서양 사람의 인사는 스킨십으로 시작되지만 우리는 큰절로 비롯되다
보니 아무래도 스킨십이 어렵지 않나 하는 생각도 든다. 여야나 노사가
대화는 없고 대결만 있는 것도 스킨십의 부재와 연관이 있다. 스킨십은
몸도 영혼도 하나 됨을 나타내기 때문이다.

K신문사 이달희 기자의 부친은 독실한 천주교신자였는데, 호스피스
병동에서 죽음을 눈앞에 두고 종부성사를 받게 되었다. 평소에 환자와
가까웠던 김수환 추기경께서 친히 참석하셨다. 성사가 끝난 후 그를 끌
어안고 귀에 대고 무얼 얘기한 다음 환자는 다시 병실로 옮겨졌다. 그
런데 다음날 점심 때 놀라운 일이 일어났다. 환자가 벌떡 일어나더니
이제 다 나았으니 퇴원하자고 했다. 그러고 나서 10년을 더 사셨다고
한다.

이런 예는 종종 볼 수 있지만 영화나 드라마에서만 볼 수 있는 일
로 착각한다. 누구나 눈에 보이지 않는 특별한 생명 에너지가 방사된
다. 수도를 오래한 사람이나 사랑이 충만한 사람은 그 에너지가 특별
히 강력하다.

나는 결혼한 지 50년이 다 되었지만 출근할 때마다 아내를 안아준다.
일종의 영혼의 교감이다. 부부는 살다 보면 같아진다. 인격자와 결혼하

면 인격자가 되고 야비한 사람과 결혼하면 자신도 모르게 야비해지는 것도 스킨십을 통한 교감이라고 말하는 학자도 있다.

EBS의 〈지식채널 E〉 프로그램에 소개된 쌍둥이 형제의 일화를 보자. 갓 태어난 두 아기를 나란히 눕혀놓았는데, 형은 건강했지만 동생은 심박수가 불안정하고 호흡도 빨라 곧 죽을 것처럼 고통스러워 보였다. 그러자 형은 본능적으로 동생의 아픔을 알았는지 가냘픈 팔을 뻗어 포옹하듯 동생의 몸을 감쌌다. 잠시 후 놀랍게도 두 아기의 호흡과 심장박동이 서로 일치해 가면서 안정되는 것을 볼 수 있었다. 형이 아픈 동생을 안아줌으로써 정서적인 교감이 일어나고 그것이 신체적인 변화로 이어진 것이다. 만져서 병이 낫는다는 것은 기적이 아니라 과학이다. 기가 전달이 되면 가능한 일인 것이다. 이것은 특정한 사람만 가능한 일이 아니라 누구라도 지속적으로 훈련을 하면 할 수 있다.

나에게 일주일에 한 번씩 교육을 받으러 오는 학생 L양은 요즘 젊은이들 중에서도 보기 드문 효녀다. 교육을 받으러 와서도 늘 부모님 애기인데, L양의 어머니는 말초순환장애로 수족이 하얗게 변하는 레이노증후군이란 희귀병을 앓고 있었다. 백방으로 알아보고 약을 썼지만 차도가 없어 L양이 상심해 있을 때 나는 이런 조언을 해주었다.

“오늘부터 어머니의 손과 발을 매일 30분씩 주물러드려라. 어머니가 나으셔서 건강하게 웃으시는 모습을 그리며 감사한 마음을 담아 기도하듯 정성껏 주물러드리면 어떤 약보다도 더 강력한 효과가 있을 것이다.”

L양은 그후 하루도 빠지지 않고 엄마의 손발을 마사지해 드렸다. 그동안 바쁘다는 핑계로 서로 얼굴도 제대로 보지 못하고 지나는 날이 많았다. 그런데 이렇게 어머니와 함께하는 시간이 매일 주어지니 못다한 이야기도 나눌 수 있고 어머니께서 고생하신 게 직접 느껴져 모녀간의 정이 더욱 두터워졌다. 어머니도 딸의 효심에 감동을 받아 나을 수 있다는 희망을 품게 되었는데, 한 달이 지나자 기적처럼 손발이 원래의 모습을 되찾기 시작했다. 반신반의하며 지켜보던 가족들도 놀라운 변화를 직접 눈으로 보면서 감탄을 금치 못했다.

물이 사람의 말을 알아듣듯 우리 몸의 세포 하나하나도 에너지에 민감하게 반응한다. 그래서 상대방이 나를 사랑하는지 미워하는지는 손만 잡아봐도 알 수가 있다. 밀어내지 말고 안아주는 사람이 되자.


운을 부르는 말과 행동 50

# 복이 들어오는 집

제3장 효자는 하늘이 돕는다

표정이나 행동을 보면 그 사람의 마음상태를 읽을 수가 있다. 마음이 표정과 행동을 만들기 때문인데 일부러라도 표정을 바꾸면 마음까지 달라진다. 즐거워서 웃는 것이 아니라 웃다 보면 즐거워진다. 나라에서는 죗값을 치르는 사람들을 위해 매년 수천억 원이 넘는 비용을 들여 교도소를 운영한다. 하지만 많은 수감자들이 출감하자마자 또 범죄를 일으켜 다시 들어오는 일이 많다고 하니 국민의 세금만 축내는 꼴이다. 매년 1,000여 명의 도둑을 잡아 포도왕이 된 수사관에게 도둑을 잡는 비결을 물었더니 아주 간단하게 대답한다.

"척 보면 압니다. 도둑놈은 꼭 도둑놈처럼 생겼어요."

천사는 천사처럼 보이고 도둑은 도둑처럼 보인다. 그렇다면 교도관들이 해야 할 일은 그들을 천사표로 바꿔주면 된다. 자기 상표가 변하면 운명도 변하기 때문이다.

고부간에 심각한 갈등으로 더 이상 견딜 수가 없다며 이혼 문제를 상의하려고 젊은 부부가 찾아왔다. 둘 다 얼굴에는 표정이 하나도 없이 지치고 그늘이 가득했다.

"시어머니가 툭하면 참을 수 없는 욕설을 하는데, 이제는 더 이상 이런 모욕은 참을 수 없습니다."
"결혼한 지 얼마 되었죠?'
"3년째인데 점점 심해지세요."

아들은 효자여서 언제나 어머니 편을 들다 보니 아내는 점점 힘들어진다. 그렇다고 아내 편을 들면 어머니의 반응이 어떨지 상상이 되어 마음속으로는 아내 편, 겉으로는 어머니 편을 들고 있는 것이다. 아무리 생각해도 해법이 보이지 않는다. 아내가 그동안 받은 상처로 인해 이혼을 해봤자 그 아픔은 죽을 때까지 따라다닐 것이 분명하여 이혼이 최선의 방법은 아니어서 남편에게 물었다.


운을 부르는 말과 행동 50

"혹시 홀어머니에 외아들 아닌가요?"
"아니, 그걸 어떻게…."

홀어머니는 외아들이 결혼하면 너나없이 박탈감을 느끼고 가해자
(?)인 며느리에게 적개심을 갖게 된다.

"부인, 이혼이 급한 게 아니라 마음의 상처 치유가 급합니다."
"그래요, 사실 저 그 바람에 우울증이 생겼어요."
"먼저 울음치료사를 소개해 드리겠습니다. 우선 울음을 통해 자기
정화가 되고 나면 다음에 할 일도 저절로 생길 겁니다."

그후 한 달 만에 나를 찾아왔을 때는 아내의 얼굴이 훨씬 편안해 보
였다.

"어떻습니까?"
"십 년 묵은 체증이 빠져나간 느낌이에요."

6시 퇴근 후에 찾아온 이들과 이야기를 나누다 보니 후딱 밤 9시가
되었지만 대화에 열을 올리느라고 저녁 먹는 것도 잊었다.

“이번에는 웃음치료사를 소개해 드리겠는데 부부가 같이 한 달간 배우고 오세요.”

한 달 후 그들 부부는 전혀 다른 사람이 되어, 굳어 있던 얼굴에서 웃음이 떠나지 않았다. 긍정으로 바뀐 며느리에게 이렇게 당부했다.

“이제 시어머니가 뭐라고 해도 말대답 대신 끝까지 웃음으로 대해야 합니다. 할 수 있겠습니까?”
“걱정 마세요.”

그때부터는 아무리 트집을 잡고 욕을 해도 며느리가 계속 웃고 있으니 시어머니는 자기 분을 못 이겨 펄펄 뛰었다.

“이년이! 이젠 아주 나를 우습게 알아?”

이렇게 일주일 정도 지났을 때 시어머니는 제풀에 꺾이기 시작했고, 생글거리는 며느리의 얼굴에 결국 두 손을 들고 말았다. 싸움이란 비슷비슷한 사람끼리 하는 것이다.

결국 며느리의 웃음 바이러스에 시어머니도 감염이 되자 이제부터

화해의 손길을 내밀기 시작했다. 결혼 후 처음 보는 시어머니의 미소
띤 얼굴이었다.


"얘기 좀 하자. 내가 한마디 하면 열 마디, 스무 마디 하던 네가 어떻
게 그렇게 변할 수가 있냐?"
"말씀 드릴게요. 이상헌 선생님을 만나서 가르침을 받았습니다."
"전에 방송을 많이 하셨던 분?"
"네."
"그럼 나도 소개해 줘라."


이렇게 해서 시어머니와 만나게 되었는데, 이제는 한두 달에 한 번
씩은 내 사무실에 들리고 외부강좌가 있을 때는 꼭 참석한다. 이 어머
니는 나와 만난 지 2년 남짓 되었지만 하루가 다르게 점점 젊어진다.


"이제 결혼하시죠."
"나이가 60이 되었는데…."
"요즘은 나이 계산을 자기 나이에 0.7을 곱하는 겁니다. 그러면 42세
지요."


그녀는 부끄러워하면서도 기분이 좋은 표정이다.



제3장 효자는 하늘이 돕는다

고부간에 물고 뜯으며 싸우던 것이 표정과 말투를 바꾸니 인생이 달라졌다. 부모님과 자꾸 부딪치는 자식이라면 내가 며느리에게 내려준 처방을 약 보름 동안 열심히 따라 해보기를 권하고 싶다. 복이 들어오는 집에는 웃음꽃이 만발한다.


운을 부르는 말과 행동 50

# 칭찬은 ○○도 춤추게 한다

한때 베스트셀러가 된 책 중에 〈칭찬은 고래도 춤추게 한다〉가 있다. 칭찬은 마음의 보석이어서 사람은 말할 나위 없고 동식물 등 모든 생명체에 영향을 미친다. 오순자 선생이 M여중에서 교편을 잡을 때 이야기다. 사진작가이기도 한 그는 평상시 학생들 사진을 찍어 두었다가 방학 때 편지와 함께 집으로 발송해 주었다. 단짝 친구를 같이 찍어주었는데, 한 학생은 전교 250등이고 또 한 학생은 900등이어서 900등 한 학생에게 이런 편지를 썼다.

"너희 둘은 단짝인데 네 단짝 친구는 250등이란다. 예쁜 네가 조금만 더 노력하면 2학기에는 틀림없이 그 정도 실력이 될 거라고 생각해. 나는 너를 믿어."

다음 학기 시험 결과 그 학생은 230등으로 올라갔다. 이것이 알아주기 효과다. 기적이란 알아주는 데서 시작되는 것이어서 다이아몬드보다 더 효과적인 언어의 보물이 칭찬이다.

 칭찬하면 반드시 칭찬받을 일을 하게 마련이다. 나는 기업체 교육을 할 때 두 사람씩 서로 짝을 지어 칭찬 주고받기를 시킨다. 칭찬을 하는 동안 그동안 쌓여 있던 스트레스가 말끔히 씻기고 잔칫집같이 활기차게 변하는데, 그 효과는 LTE급 이상으로 나타난다.

자기 칭찬을 잘하는 사람은 남을 칭찬하는 것도 잘하는 반면에 열등감에 사로잡혀 있는 사람은 칭찬은커녕 비난의 명수가 된다. 이런 사람은 툭하면 불평 불만을 하거나 원망을 많이 한다. 내가 운영하는 '기쁨세상'에 들어오면 제일 먼저 자기 칭찬 100개를 써서 내게 한다. 조금만 요령을 알면 100개 아니라 300개도 무난히 찾아 쓴다. 그뿐만 아니라 운명의 방향도 180도 변하게 된다.

우리는 윗사람이 아랫사람에게 칭찬하는 것으로 잘못 알고 있지만, 누구에게도 할 수 있고 즉각 효과가 나는 것이 칭찬이다. S생명의 설계사가 와서 푸념을 한다. 강남의 부자 한 사람을 소개받았는데 어떻게 해야 자기 고객을 만들 수 있을지 고민하다가 찾아온 것이다.

"지점장님에게 그분을 만나겠다고 얘기하니 너무 거물이라 힘들지 않겠느냐고 합니다."

"사람은 누구나 같습니다. 함락시키려면 칭찬 이상 더 큰 무기는 없습니다."

"그게 쉽지 않습니다."

"알고 보면 그게 가장 쉬운 방법이지요. 내일 이 시간까지 당신 자신의 장점 100가지를 써가지고 오십시오."


다음날 써온 것을 보니 훌륭한 자질이 엿보였다.


"그럼 이틀 시간을 드리겠습니다. 그분 장점 100개를 써 오세요."


이틀 후 그가 써 온 것에서 몇 개를 넣고 빼고 해서 정리를 한 다음 봉투에 넣고 봉함을 시켰다. 그리고 봉투에 '○○○회장님 자산목록'이라고 써서 비서실에 맡기라고 했다.


"떨리네요. 반응이 어떨까요?"

"곧 연락이 올 겁니다. 자신감을 가지세요. 그리고 만나도 그쪽에서 말하기 전까지는 보험 들라고 이야기해서는 안 됩니다."

다음날 회장이 점심이나 하자고 연락이 왔다고 했다.

나는 미리 축하 인사를 건넸다.

"좋은 결과 미리 축하합니다."

약속된 W호텔 일식당에 갔더니 회장이 미리 와서 기다리더니 그가 들어오자 반색을 하며 영접을 했다.

"아니, 젊은 친구가 눈썰미 하나는 대단하군. 당신이 맡긴 목록을 보니 내가 모르고 있던 나의 재산이 많은 것에 놀랐소."
"제가 사람을 꿰뚫어보는 재주가 있나 봅니다. 하하하."
"내가 젊은이에게 신세를 졌으니 나도 갚아야지요."
"감사합니다. 요즘 은행금리가 너무 낮아 많은 분들이 보험으로 갈아타고 있습니다."
"그야 나도 알고 있지요. 월납으로 들고 싶은데 괜찮겠지요?"
"회장님이 우리 보험사 가족이 되었다는 것만 해도 저희 회사의 영광입니다."
"그럼 일단 1억짜리 월납으로 하지요."
"영광입니다."



운을 부르는 말과 행동 50

보험사에서 월납 1억 원이라면 로또 당첨이나 마찬가지다. 칭찬은 이런 기적까지 만들어주는 것이다.

보는 시각에 따라 약점이라고 생각했던 것도 시각을 바꾸어보면 칭찬으로 변한다. 그러나 숙달이 되지 않아 칭찬거리를 가지고도 흠잡기에 익숙한 것이다.

잘 웃는 학생이 건달들에게 끌려가서 얻어 맞았는데 건달들 얘기가 "왜 재수없게 웃고 다니냐"고 하더란다. 너나없이 키 크고 싶은 열망이 있어 키가 작으면 '루저(Loser : 패자)' 소리를 듣고 장가도 못 든다는데, 부정적인 사람에게는 키 큰 사람도 전봇대처럼 보이는 것이다.

그러나 긍정의 시각으로 보면 99의 약점을 보지 않고 1의 장점을 찾아 칭찬할 수 있다. 바보 온달도 평강의 칭찬으로 위대한 온달 장군으로 변신한 것을 생각해 보자. 비평가치고 행복하게 사는 사람은 별로 없다. 예전에는 오나 가나 덕담이었는데 요즘은 어딜 가나 악담들이다. 정치인들이 하는 악담을 언론에서 여과없이 내보내다 보니 그것이 자연스럽게 느껴지는 모양이다. 요즘 학생들이 말하는 것을 보면 통역을 붙이지 않고는 도저히 해독이 안 될 정도이다. 점수 경쟁만 하다 보니 인성교육이 안 되었기 때문에 생겨난 현상이다.


제3장 효자는 하늘이 돕는다

우선 나 자신의 칭찬 100가지를 써보자. 늘 그렇고 그런 삶에서 의식적으로 방향을 잡지 않으면 삶은 절대 변하지 않는다. 99% 까지는 누구나 열심히 살고 평범한 일상이다. 99도에서는 안 끓던 물이 100도에서는 끓어오르듯 1%의 운이 더해졌을 때 삶은 전혀 다른 모양으로 나타난다. 변화를 원하는 당신에게 필요한 것은 1%의 작은 행동과 말씨다. 매일매일 감동하고 감격하다 보면 신체세포와 유전인자까지 변하여 운명도 갈아탈 수 있다.

# 배려는 힘이 세다



내가 어렸을 때에는 학교에 다녀오면 오후에는 서당에 다녔다. 요즘으로 치면 방과후 학습 같은 것이다. 서당에 가면 제일 먼저 가르치는 것이 〈천자문〉이고 이어서 배우는 것이 〈동몽선습〉인데는, 이 두 교재는 서당이 자취를 감춘 오늘날에도 모르는 사람이 없다. 그만큼 인간답게 사는 기본이 담겨 있는 고전이기 때문이다.

그때는 훈장님이 읽어주면 그대로 따라 읽으며 배웠는데, 지금도 책 내용을 기억하지만 이렇게 훌륭한 책을 지은 저자가 누구인지는 정작 모르고 지냈다. '십 년을 같이 산 시어미 성도 모른다' 는 속담도 남의 일이 아니다. 그런데 최근에 〈기쁨의 신학〉을 쓴 종교학자 박중현 박사와 대화를 나누다가 그분의 선조이신 박세무 선생이 〈동몽선습〉을 쓰신 장본인이라는 사실을 알게 되었다.

작가 생활을 하면서 비슷한 경험을 한 적도 있다. 어떤 모임에서 교수 한 분과 인사를 나눴는데, 소개하는 분이 '이상헌 선생은 우리나라에서 책을 가장 많이 쓰신 분'이라고 얘기했다. 그러자 그 교수가 반가워하며 누구나 꼭 읽어야 할 책을 발견했다며 나더러도 읽어보면 많은 도움이 될 거라고 말한다.

"책 제목이 어떻게 됩니까?"
"진중문고로도 채택되어 우리나라 군인 전체가 읽은 책입니다. 〈흥하는 말씨 망하는 말투〉라고…."

이 얘기를 듣고 있던 주변 사람들이 일제히 폭소를 터뜨리자 그는 의아한 표정으로 사람들을 쳐다본다.

"제가 뭐 실수라도 했습니까?"

모두들 허리를 잡고 웃는데 정작 당사자만 왜들 웃고 있는지 몰랐다. 그때 한 사람이 그 책의 저자 이름이 뭐냐고 물었더니 책 읽는 데 신경 쓰다 보니 기억나지 않는다는 것이다.

"그 책이 바로 앞에 계신 이상헌 작가의 저서입니다."

내가 말하려고 하는 분은 박세무 선생의 손자인 박지계 선생이다. 유학자이며 교육자인 박지계 선생은 어릴 때부터 효심이 깊었다. 그는 열 살 때에 아버지를 여의고 홀어머니 밑에서 성장했다. 이렇게 어려운 환경 속에서도 스스로 〈논어〉를 탐독하는 등 일찍부터 학문을 연구하여 후에 일가를 이루었다. 어머니를 모시는 동안에는 관직에 나가지 않았지만, 학문적 공적이 널리 알려져 왕자의 스승으로 조정에 추천되기도 했다. 선조 25년에 임진왜란이 나자 어머니를 모시고 충청도 제천으로 피난 갔으며 정유재란 때는 다시 괴산에 우거(寓居)하면서 어머니의 병환을 극진히 간호했다.

그가 일곱 살 때의 얘기다. 하루는 부엌에서 일하시던 어머니가 손가락을 감싸쥐고 방으로 급히 들어가셨다. 그가 다가가서 보니 칼에 베인 상처가 깊어 피가 철철 나고 있었다. 헝겊을 친친 감아 응급처치를 하고 다시 부엌으로 나왔는데 도마 위에 놓아둔 칼이 없어졌다. 이상하게 생각한 어머니는 뒷마당으로 나와 보니 어린 아들이 칼로 자신의 손가락을 그어 피를 내며 울고 있었다. 깜짝 놀란 어머니가 달려가 칼을 빼앗으며 다그쳐 물었다.

147

"아니, 이게 무슨 짓이냐?"

"어머니께서 일하시다가 다치셨는데 아들인 제가 편하게 앉아서 해 주시는 밥을 먹을 수가 있어야지요. 어머니의 고통을 저도 함께 느끼려고 그랬습니다."

일곱 살이면 어머니 무릎에 앉아 재롱이나 피울 나이인데 일찍부터 철이 들었던 것이다.

 철들었다는 말은 상대방의 마음을 배려하고 헤아릴 줄 안다는 뜻이다. 그러려면 상대방 입장이 되어야 하는데 우리는 항상 자기 입장에서 보기 때문에 서로 이해를 못하여 가정도 국가도 힘들어진다.

연기자 지망생이었던 임하룡 씨는 충북 단양에서 자라나 서울에 올라와 운 좋게 좋은 인연을 만났다. 국립정신병원 부원장인 김유광 박사는 연극인 출신으로 역할극을 환자 치료에 접목시켰는데, 이때 임하룡 씨와 만난 것이다. 대부분의 정신질환은 관계가 잘못 형성되어 생긴다. 따라서 갈등의 대상과 서로 입장을 바꾸어 말하고 생각하는 사이코드라마를 통해 상대방 입장이 되어 스스로 깨우치게 만드는 것이다. 고부간의 문제로 병이 생긴 며느리에게는 시어머니 역할을 하게 하고, 며느리 역할은 임하룡 씨가 맡아 했다. 중년의 직장인부터 열일곱 고등학생

까지 별별 역할을 다 소화하다 보니 세상을 보는 지평이 넓어지고 정신신경과 의사에 버금갈 정도로 사람의 마음에 대한 통찰력이 생겨 그가 연기한 배역은 모두 성공했다.

코미디 프로를 하는 사람은 코미디만 한다. 그러나 임하룡 씨는 영화, 연극까지 넘나들며 히트 제조기로 지금껏 활동하여 많은 사람들에게 부러움을 사고 있다. 이렇게 자신의 세계를 넓히면 어디를 가나 어려움 없이 살 수가 있다. 이처럼 철들지 않은 자식이나 철들지 않은 정치인, 철들지 않은 노사도 서로의 입장에서 한바탕 굿을 하면 만사형통은 시간문제인 것이다.

박지계 선생은 타고난 혜안으로 어린 나이에도 역지사지를 통찰했고, 임하룡 씨는 역할을 바꿔 연기를 하면서 삶의 지평을 넓혔다. 공감을 한다면 어떤 인간관계든지 매듭은 쉽게 풀어지지만, 우리는 너나없이 자기 자신의 감정과 입장만을 앞세우기 바쁘다. 상대의 마음을 100분의 1만이라도 알아차리고 공감할 수 있다면 행운은 언제나 당신 편이다.

# 제4장

# 포기를 KO시켜라

# 시련은 있어도 좌절은 없다

모든 교육은 가정에서 비롯된다. 자녀에게도 '공부해라', '밥 먹어라'가 유일한 대화인 것도 문제다. 서로 들어주고 맞장구치는 가정에는 웃음이 넘치지만 자기 말만 하고 귀를 닫은 집에서는 고함소리만 높아진다. 웃음꽃이 피면 어떤 어려움도 극복되지만 웃음이 실종되면 작은 문제에도 어려움이 생긴다.

태권도 8단의 이용영 씨는 태권도계에서 알아주는 사람이다. 그런데 태권도를 잘한다고 해서 사업을 잘하는 것은 아니라서 그는 하루아침에 집과 전 재산을 날리고 빚더미에 올라앉아 셋방을 전전했다. 가장으로서 가족에 대한 미안함은 이루 말할 수 없었다.

"너희들을 볼 면목이 없구나. 애비 잘못 만난 죄로 고생만 시키니…."

"아버지가 남들처럼 도박과 술 담배를 하신 것도 아니잖아요. 오히려 저희가 미안하지요. 우리가 아니면 덜 고생하실 텐데…."

다행히 아이들은 어려운 형편에도 밝게 잘 자라주었다.

나이가 들면 쓰러지기는 쉬워도 일어서기는 힘들다는 것을 모를 리가 없다. 50세가 되던 해에 그는 큰 깨달음을 얻었다. '이런 상태에서 발버둥쳐도 아무런 도움이 안 된다. 어려움을 극복하려면 지금보다 더한 상황도 겪고 이겨야 한다.'는 것을 말이다. 매년 연초에는 공수특전단 캠프가 열린다. 모두 두려워하는 훈련인데 큰 마음먹고 신청했다. 그러자 대입 준비 때문에 눈코 뜰 새 없이 바쁜 고3 딸 소연이가 끼어들었다.

"아빠, 저도 같이 참가할게요."
"시간을 낼 수 있겠니?"
"젊어 고생은 사서 한다는데요 뭐…."

이렇게 해서 아버지와 딸은 나란히 공수특전단 캠프에 입소했다. 입소자의 대부분은 20대였고, 고령자는 자신을 포함해 강지원 변호사, 김한태 교장, 권선복 행복에너지 출판 대표로 4명뿐이었다. 팔팔한 청춘

들도 힘들다고 도중에 퇴소하는 힘든 훈련이었지만, 그는 딸 앞에서 아
버지의 위상을 떨어뜨리지 않으려고 젊은이들보다 더 열심히 임했다.
고공낙하 훈련, 화생방 훈련 등은 특별히 자원해서 한 번씩 더 받았다.
무엇보다 딸 소연이와 함께 하다 보니 힘들기는커녕 행복이 샘솟고 자
랑스러웠다. 이렇게 해서 그는 교육이 끝나자 훈련생 대표로 여단장 표
창을 받았다.

"저에게는 대통령 훈장보다 더 값진 표창입니다. 저 자신을 이긴
인간승리의 증서이기 때문입니다. 요즘 취업이 안 된다, 직장에서 퇴
출되어 할 일이 없다, 등등의 신세한탄을 하는 사람들이 많지요. 나
는 이런 분들께 자기를 이기는 훈련을 강력히 권합니다. 적은 외부에
있는 것이 아니라 자기 내부에 있기 때문이에요. 하다 못해 번지점프
라도 해보십시오. 놀라운 결과가 나타날 것입니다."

자신을 이기고 난 다음부터 그는 호랑이가 날개를 단 것처럼 펄펄 난
다. 이용영 씨는 그후 각 기업체와 학생들에게 자신감을 높이는 교육과
체력단련 훈련을 시키는데, 그가 진행하는 교육을 보고 있으면 묘기대
행진 프로그램을 보는 것처럼 재미있다. 불멸의 무술스타 이소룡이 영
화에서 보여주었던 엄지만으로 팔굽혀 펴기를 하기도 하고, 500미터가
넘는 '만리장성 꿈 노트 펼쳐보기'는 남들이 상상도 못 하는 묘기다. 만

리장성 꿈 노트란 이용영 씨가 매일 채워나간 노트를 가리키는 말이다. 시련에서 벗어나기 위해 자신의 꿈 목록을 매일 쓰고 큰 소리로 복창하면서 하루하루를 채워나갔는데, 그 기록이 500미터에 이른다.

이용영 씨는 202개 나라에서 몸과 마음을 단련하는 최고의 운동인 태권도가 오히려 종주국의 성인들에게 외면당하고 있는 현실이 안타까웠다고 한다. 그래서 그가 개발한 프로그램이 '행복 태권도'다. 또한 올림픽 정식종목에서 퇴출시키려는 일본의 가라테(空手道)와 중국의 우슈(武術) 공격에 맞서 우리 국민 모두가 꼭 함께 지켜가자는 마음으로 '행복 태권도'의 전도사가 되었다. 그가 가는 강의장은 모두 행복 태권도장으로 변하는데 다이어트 태권도, 치매예방 태권도, 도미노 태권도 등으로 응용되어 해외에도 전파되고 있단다. 가수 싸이의 〈강남스타일〉의 말춤이 태권도의 기마 자세에서 유래된 것이고 보면 태권도를 배워 응용할 수 있는 분야는 무궁무진하다.

신은 인간에게 견딜 만큼의 시련을 안겨준다. 이를 알고 도전하면 승리자가 되고 두려움 때문에 도피하면 패배자가 된다.

# "아픈데 무슨 축하입니까?"

한평생 살아가는데 '언제나 맑음'은 없다. 뒤에서 달려오는 맹수는 피할 수 있어도 앞에서 오는 운명은 피할 수 없다는 말이 있다. 그러나 밤이 지나면 반드시 아침이 온다. 영원한 밝음도 없지만 그렇다고 끝나지 않는 어둠도 없다.

얼마 전 명의로 소문난 분을 만나게 되었는데, 내가 체머리를 앓는 것을 보고 풍을 맞았다고 속단하고 자기가 고쳐주겠다고 했다. 그러나 이것은 어려서 생긴 사고 때문에 생긴 증상이다. 딸만 내리 넷을 낳고 끝으로 내가 태어나자 온 집안은 잔칫집이 되었지만 기쁨도 극에 달하면 슬픔이 된다고 큰 사고가 터졌다. 어머니가 나를 업고 이웃집에 놀러갔을 때였다. 마루에 나를 내려놓자 쏜살같이 뒤주 밑으로 기어 들어가 양



운을 부르는 말과 행동 50

잿물을 꺼내 마셨던 것이다.

그때 동네 장정들이 나를 거꾸로 들고 읍내 병원까지 20리를 달려갔다. 바로 들면 양잿물이 목으로 넘어갈까봐 그리했던 것이다. 생명은 건졌지만 이때부터 머리를 흔드는 버릇이 생겨났다. 거꾸로 들고 뛸 때 머리가 빠르게 좌우로 흔들리며 경추의 연골이 닳아 없어져 뼈끼리 맞닿는 바람에 중심이 잡히지 않아 생긴 증상인데, 지금까지 어지러움을 겪으며 살고 있다.

1960~1970년대는 결혼식이 끝나면 '드라이브'를 했다. 택시를 타고 남산을 한 바퀴 돌고 내려오는 풍습이 있었는데, 나는 어지러워 뒷자리에 눕고 신부는 조수석에 앉아 남산을 한 바퀴 돌았다. 그러나 양잿물 사건 이후 머리를 자동으로 흔드는 바람에 뇌세포가 발달하여 기억력, 판단력은 물론 예지력, 투시능력까지 생겨났고 머리도 주위에서 가장 큰 편에 속한다. 두뇌개발 훈련으로 도리도리를 시키는 곳이 있다는데, 나는 저절로 두뇌훈련이 되어 두뇌가 개발된 것이다.

글을 쓰다 어지럽거나 피곤하면 소파에 누워 잠시 쉬고 충전되면 다시 글을 쓰거나 책을 읽기 때문에 언제나 좋은 컨디션으로 작업을 한다. 또 수시로 지인들에게 이메일을 보내다 보니 잠 안 자고 밤샘하는지 알지만 나는 피곤하다는 신호가 느껴지면 곧바로 눈 감고 휴식을 취한다. 나의 집필실에는 많은 지인들이 찾아온다. 그러나 누가 있건 피로해지면 양해를 구하고 10분 정도 휴식을 취하다 보니 쉽게 회복되는 것이다.

자랑거리는 여기서 끝나지 않는다. 우리 형제들은 모두가 키가 작은데 나만 유독 20cm 정도 더 크다. 나를 거꾸로 들고 달릴 때 다리의 성장판이 늘어났기 때문이라고 사람들은 말한다. 양잿물 사건은 나에게 예비된 화였지만 화를 품은 복이었던 걸 이제는 알 것 같다. 생애 첫 시련은 나의 일생을 통해 큰 고통을 주었지만, 어떤 일이 생기면 손실이 아닌 이익인 부분을 생각하는 데 익숙하다 보니 뒤늦게 빛을 보는지도 모른다.

사람들은 병원에 입원하면 연락을 하는데 나는 다른 데는 못 가도 병원은 번개처럼 달려가 격려의 말을 해준다.

"축하합니다."

"아픈데 무슨 축하입니까?"

"아픈 것은 살아 있다는 증거입니다. 죽은 사람은 아픔도 모릅니다."

이 정도가 되면 환자도 나도 폭소가 터진다. 함께 웃다 보면 환자도 자기가 환자라는 것조차 까맣게 잊어버리고 일주일 예정으로 입원한 환자가 2~3일 안에 멀쩡해져서 퇴원한다. 긍정 에너지가 가득해야 무슨 일이든 신나게 일한다. 살다 보면 알게 모르게 불행이 찾아오기도 하지만, 이는 불행이 아니라 깨달음의 시간이다. 불행 중 다행은 있어도 다행 중 불행은 없는 법이다.

# 운이 좋아지는 6가지 방법

성공하려면 성공한 사람을 모델로 삼아 그와 같이 되려고 노력하는 것이 필요하다. 알아야 면장 한다고, 모든 것이 저절로 되는 법은 없다. 성공한 사람을 막연히 부러워하는 시간에 그들은 왜 좋은 운을 가지게 되었는가를 보고 배워야 한다. 국회의원은 보좌관 출신이 가장 많다. 보고 들으며 배웠기 때문이다. 의사도 인턴, 레지던트를 거쳐 제대로 된 의사가 되는 것과 같다. 배우지 않고 이룰 수 있는 것은 단 하나, 실패뿐이다.

세상에서 성공한 사람들의 밀도가 가장 높은 곳은 비행기의 일등석이다. 일등석은 비행기 좌석의 3%이고 부유층 구성비도 3%이다. 그대로 따라 하면 언젠가는 나도 그들처럼 될 수 있다.

일등석 승객들만의 행동과 습관을 모아 어느 스튜어디스가 책을 펴냈는데 〈퍼스트클래스 승객은 펜을 빌리지 않는다〉는 제목이다.

### 1. 일등석 사람들은 펜을 빌리지 않는다.

 항상 메모하는 습관이 있고 모두 자신만의 필기구를 지니고 다닌다. 메모는 최강의 성공도구여서 기록하는 행위는 상대방에게 신뢰를 주고 아이디어를 동결 건조시켜 보존해 준다. 〈브레이크 뉴스〉 대표인 문일석 시인은 술자리에서도 메모를 멈추지 않는다. 메모가 성공도구라는 것을 일찍부터 터득한 것이다.

### 2. 일등석 사람들은 전기와 역사책을 읽는다.

일반석 사람들은 앉자마자 신문 읽기에 여념이 없는데, 일등석에서는 수험생처럼 독서열풍이 분다. 그들은 주로 잘 알려지지 않은 묵직한 책을 읽는다. D그룹 회장은 해외에 나가는 비행기를 타면 자기계발서 30여 권을 다 읽는다. 평소에는 책 읽을 틈이 없기 때문이다.

### 3. 일등석 사람들은 자세가 다르다.

자세를 보면 그 사람의 사회적 위치를 알 수 있다. 바꿔 말하면 자세를 바꾸면 인생도 달라진다는 얘기가 된다. 퍼스트클래스의 승객은 일단 자세가 바르다. 그리고 시선의 각도가 높은 것이 특징이다. 자세가 좋은 사람은 범접치 못할 당당한 분위기를 풍긴다. 행동거지가 당당한 사람은 정면을 바라보기 때문에 시선의 각도도 자연히 높아진다. 우리나라 최고를 자랑하는 S사 현장 사원들의 작업복 명찰 위치에 '바른 자세'라는 어구가 붙어 있다. 자세와 운명은 불가분의 관계에 있다.

## 4. 일등석 사람들은 대화를 이어주는 톱니바퀴 기술의 전문가이다.

일등석 승객은 흥미진진하게 다른 사람의 이야기를 듣는다. 경청의 명수가 되어 북 치고 장구 치며 상대방이 신나게 말하도록 유도하는 특기가 있다. 잘 짖는다고 명견이 아니듯 말 많이 한다고 명강사는 아니다. 상대방이 신나게 말하도록 유도하는 능력이 운을 끌어들인다.

## 5. 일등석 사람들은 승무원에게 고자세를 취하지 않는다.

보통 사람들은 자기보다 약한 위치에 있는 사람에게 군림하려고 한다. 음식점 종업원에게 반말하거나 명령하는 것도 자기의 부족함을 간접으로 드러내는 것인데, 종업원의 입장에서는 기분 나빠서라도 서비스를 제대로 하지 않는다. 가는 말이 고와야 오는 말이 곱다는 속담도 있다. 일등석 사람들은 '바쁜 중에 미안하지만'과 같이 항상 완충 어구를 덧붙여 상대방을 배려하고 있다는 것을 느끼게 한다.


운을 부르는 말과 행동 50

6. 일등석 사람들은 주변 환경을 내 편으로 만든다.

퍼스트클래스에 동승한 자신과 같은 처지에 있는 다른 승객에게 인사하는 것은 매우 효율적인 인맥 형성 방법이다. 내가 먼저 인사하는 것을 부끄럽게 생각하는 사람은 일등석 인간이 되기 힘들다. 내가 나를 낮춘다고 내려가는 것이 아니다. 겸손과 친절은 성공 미사일이다. 리틀엔젤스 예술단을 이끌고 6·25 참전국을 돌면서 감사공연을 하고 돌아온 박보희 총재는 적군도 아군으로 만든다. 음식점에서 식사를 하고 나올 때도 주방까지 찾아가 잘 먹었다고 극찬을 해준다. 그런가 하면 이게 음식이냐고 타박하는 사람도 있는데 이런 사람은 일반석도 아닌 입석 인간이다.


이 여섯 가지만 통달해도 불운은 행운으로 역전된다.

# 자신을 해방시키는 50가지

＊＊＊

슬럼프에 빠져 있던 안다빈 화백은 기쁨세상을 통해 자기가 살아났다며 감사 표시로 매달 '명품떡집'에서 떡을 맞춰 가지고 와서 1년간 모두에게 즐거움을 주었다. 제빵기능사 자격을 딴 이정은 씨는 최고의 재료로 만든 쿠키를 1년 동안 회원들에게 제공하여 회원들을 기쁘게 했다.

자기를 사랑하고 기쁘게 사는 사람은 남을 기쁘게 할 줄 안다.

**01.** 마음을 활짝 열어라. 대문을 열어두면 도둑이 들지만 마음을 열면 복이 들어온다.

**02.** 감사와 기쁨으로 하루를 출발하라. 벅찬 감동이 가슴을 두드린다.

**03.** 자신을 뜨겁게 포옹하라. 자기 사랑이 최고의 사랑이다.

**04.** 준비하며 살아가라. 준비가 없으면 들어온 떡도 먹지 못한다.

**05.** 가슴을 터놓을 친구를 가져라. 친구는 가장 값진 자산이다.

**06.** 일상에서 탈출하라. 일상이 달라지면 역사도 달라진다.

**07.** 꿈을 잃지 말라. 꿈은 반드시 이뤄진다.

**08.** 몸과 마음의 힘을 길러라. 힘이 있어야 승리가 보장된다.

**09.** 자신을 칭찬하고 격려하라. 에너지가 넘쳐난다.

10. 쉬지 말고 공부하라. 무지한 자가 노예로 살아간다.

11. 하루 하루 향상하라. 향상하지 않으면 퇴보한다.

12. 현실에 집착하지 말라. 한 걸음 물러서서 관조하라.

13. 자신의 장점 리스트를 만들라. 그것을 최대로 활용하라.

14. 어디쯤 가고 있나를 살펴보라. 그래야 미래가 설계된다.

15. 서두르지 말라. 모든 것에는 단계가 있다.

16. 따뜻한 마음을 가져라. 그래야 사람들이 몰려온다.

17. 생각할 가치가 있는 것만 생각하라. 아닌 것은 삭제하라.

18. 돈만 밝히지 말라. 마음도 횃불처럼 밝혀보라.

19. 마음속에 평화를 심어라. 평화를 바탕으로 해방이 가능하다.

20. 집안 청소는 일단 멈춰라. 마음 청소를 먼저 하라.

21. 좋은 우방을 만들어라. 울타리가 튼튼하면 적이 침노하지 못한다.

22. 미움과 원망은 패배의 동업자다. 한시바삐 몰아내라.

23. 긍정적인 언어만 사용하라. 부정적인 말은 노예의 언어다.

24. 그림자는 태양이 있기에 생겨난다. 넓고 크게 보라.

25. 불평분자보다 강도를 만나는 것이 백 번 낫다. 만남이 운명을 만든다.

26. 현실 앞에 무릎 꿇지 말라. 무릎은 기도할 때나 꿇는 것이다.

27. 한 발만 앞서라. 모든 승패는 한 발자국 차이로 판가름이 난다.

28. 내가 원하는 자아상을 그려라. 그것이 바로 미래의 자신이다.

29. 하는 일에 재미 붙여라. 재미는 열정을 샘솟게 한다.

**30.** 프로가 되라. 프로가 못 되면 포로로 전락한다.

**31.** 자신을 용서하라. 인간은 누구나 잘못이 있다.

**32.** 남이 잘됨을 보고 기뻐하라. 그것이 진정한 승리자다.

**33.** 밝고 힘찬 노래를 불러라. 밝은 노래가 밝은 운명을 만든다.

**34.** 모든 일에 감사하라. 감동과 감격이 줄줄이 따라온다.

**35.** 고통을 피하지 말라. 고통과 공존하며 사는 연습을 하라.

**36.** 마음을 넉넉히 가져라. 마음의 크기만큼 담을 수 있다.

**37.** 한 가지 약점 뒤에 열 가지 장점이 숨어 있다. 보물찾기를 하라.

**38.** 생각하다 망한 사람은 있어도 행동하다 망한 사람은 없다. 행동하라.

**39.** 99도가 아닌 100도에 물이 끓는다. 1도가 승부를 결정한다.

**40.** 넘어지면 일어서라. 칠전팔기도 있고 사전오기도 있다.

**41.** 모든 것에는 뜻이 있다. 그 뜻을 잘 살펴라.

**42.** 과거에 집착 말라. 노름꾼은 본전 생각하다 망한다.

**43.** 끊임없이 변신하라. 변심은 죄지만 변신은 죄가 아니다.

**44.** 자기 전에 그날의 좋았던 일만 기록하라. 자신의 삶이 풍요로 넘친다.

**45.** 삶의 방향을 전환하라. 핸들을 꺾은 방향으로 차는 달린다.

**46.** 문제에 집착 말라. 문제 속에는 해답이 들어 있다.

**47.** 쉬지 말고 기도하라. 기도는 절대자와의 직통 전화다.

**48.** 종점이 시발점이다. 뒤로 돌아 앞으로 가라.

**49.** 힘들다고 포기 말라. 한겨울에도 꽃은 핀다.

**50.** 스스로 해방을 선언하라. 선언은 위대한 효력을 발휘한다.

# 열정과 지혜로 위기를 돌파하라

IMF로 세상이 뒤숭숭하던 때 F화장품 공채 신입사원 강의를 하러 간 적이 있다. 그런데 명단을 보니 100% 지방대생들이라 의아한 생각이 들어 회사 담당자에게 서울 명문대학 출신은 왜 하나도 없는지 물었다. 담당자의 얘기를 들어보니 이해가 되었다.

"IMF로 기업환경이 크게 악화되자 불안을 느낀 소위 명문대 출신들은 사표를 내고 안전한 직장으로 가버려 인원 부족으로 어려움을 겪었습니다. 그런데 지방대 출신들이 '우리는 여기가 아니면 갈 데가 없다. 회사를 살리는 것만이 우리가 사는 길이다.' 하며 똘똘 뭉쳐 기사회생을 할 수 있었습니다. 그들에게는 악조건 속에서도 한다면 하고야 마는 근성이 있어요. 그때부터 우리는 지방대 출신만 모집합니다."

직장에서는 일하는 능력이 중요하지 출신지역이나 학벌이 중요한 것
은 아니다.

대학과는 관계없는 단순사무직을 뽑아도 4년제 졸업장이 있는가를
따지는 바람에 우리나라 학부모들은 대출을 받아서라도 자식을 대학에
보낸다. 이렇게 대학공부를 마치고 사회에 나오면 초년 시절부터 빚을
갚느라 허덕이게 된다. 더구나 취직은 하늘에서 별 따기여서 왜 이 고생
을 하며 대학을 나왔는지 한숨이 난다.

 우리는 너나 할 것 없이 창조주의 DNA를 갖고 있어 무한한 능력
이 있다. 그 능력을 일찌감치 발굴해서 갈고 닦으면 저마다 독보적인
존재로 살아갈 수 있는데, 남의 장점과 나의 단점만을 놓고 비교하다
늘 남의 뒤를 쫓는 따라쟁이 신세에서 못 벗어난다.

취업준비생들은 스펙 스펙 노래를 하며 남들 다 가는 어학연수 가느
라 애를 쓰고 남들 다 따는 자격증에 목을 맨다. 그런데 '남들이 벌써 다
했는데 나까지 그걸 해야 할까?' 라고 생각을 바꾸면 서서히 새로운 길
이 보인다.

OB맥주 역시 4년제 대학졸업자만 응시할 수 있었던 신입사원 공채에

서 학력 제한을 없애고 토플 성적도 요구하지 않기로 했다. 장인수 OB맥주 사장은 '고졸 신화'의 대표적인 인물로, 대경상고를 졸업한 후 1980년 (주)진로에 입사해 33년간 주류영업 외길을 걸어 달인의 경지에 올랐다. 2012년 1월 OB맥주 영업총괄 부사장에 취임한 후 OB맥주가 업계 1위를 탈환하는 데 큰 역할을 했다는 평가를 받으면서 최고경영자 자리에 올랐다.

그는 "학벌은 낮아도 열정은 뛰어났지요. 무엇이든 배우려는 자세로 열심히 일했고 동기들이 70도로 인사할 때 저는 90도로 인사를 했습니다. 겸손함과 친근함이 영업에서는 최고의 능력입니다."라고 말한다. 만약 그가 우리가 흔히 말하는 스펙을 다 갖추었다면 지금의 영광이 있었을까 싶다.

옛날 과거 공부를 하던 가난한 서생이 친구들에게 따돌림을 당하자 스승을 찾아가 하소연했다.

"스승님, 저는 견딜 수가 없습니다. 모두 저를 따돌리는데 저처럼 비천한 존재는 살 가치가 없는 것 같습니다. 차라리 죽고 싶습니다."

말없이 듣던 스승은 벽장에서 주먹만한 돌을 하나 꺼내주며 말했다.

"이 돌의 가치가 얼마나 될 것 같으냐? 시장에 나가 여러 사람에게 물어보고 오너라."

시장에 가서 상인들에게 돌값을 물으니 장수마다 천차만별이었다. 채소장수는 아무 쓸모도 없는 돌이라고 했고, 정육점 사내는 돼지고기 두어 근 값을 쳐주겠다, 방앗간 주인은 쌀 한 가마니를, 보석상 주인은 값으로 매길 수 없는 귀한 보석이라며 네가 원하는 대로 돈을 주겠다고 했다.

제자는 돌아와서 시장에서 있었던 이야기를 스승에게 전했다. 다 듣고 난 스승은 빙그레 웃으며 젊은이의 어깨를 두드려주었다.

"봐라. 친구들이 너를 하찮은 돌멩이 값으로 대하거나 돼지고기 두어 근, 쌀 한 가마니 값으로 취급한다고 해도 너의 가치는 네가 매기기 나름이다."

그림자를 보는 동안은 태양을 보지 못한다. 보는 시각을 바꾸면 태양이 보이듯 살면서 닥친 어려움도 보는 시각을 바꾸면 헤쳐나갈 길이 보인다. 나의 가치는 내가 매기는 것이다.

# 사다리를 놓는 사람

제4장 포기를 KO시켜라

학교공부는 거의 못했지만 현대라는 기업을 세운 정주영 회장은 초능력적인 에너지로 남들이 상상 못 하는 일들을 해냈다. 그는 문화·예술·교육에도 많은 지원을 아끼지 않았고, 원주에 박경리문학관을 건립할 때도 참석했다. 이때 각 신문사 여성부 기자들도 대거 참석했는데, 그중 〈세계여성〉이라는 잡지사에 파트타임으로 일하는 B양이 정주영 회장에게 다가갔다.

"회장님, 저하고 인터뷰하실래요?"

기분이 좋아진 정주영 회장은 함박웃음을 지었다.

"좋지 좋아. 내일 서산 목장에 가는데 같이 헬기 타고 가자."

다른 신문사에서 온 기자들도 정신이 번쩍 들어 "저도요, 저도요!" 하고 소리치자 정 회장은 냉정하게 말했다.

"세상에서 가장 나쁜 인간이 누구인 줄 아나? 남이 세운 공을 제 것으로 만들려는 사람이야. 왜 가만있다가 이 친구가 말하니까 거기에 편승하려고 하나?"

〈세계여성〉과 〈세계일보〉에 정주영 회장과의 인터뷰 기사를 쓴 B양은 그날로 정식기자가 되었고, 지금은 여성신문을 만들고 있다. 기회는 똑같이 오지만 감나무 밑에서 감 떨어지기를 바라는 사람과 나무에 올라가 감을 따는 사람이 같은 운명이 될 수는 없는 일이다.

어느 날 한 시내버스 회사 가족 초청강좌에 출강을 했는데, 그 회사의 여사장은 버스 안내양 출신으로 자기가 운을 잡은 얘기를 들려주었다. 지금은 없지만 예전에 버스에는 운전기사를 보조하는 버스 안내양이 있었다.

"버스 안내양은 새벽부터 밤까지 버스를 두드리며 '스톱' '오라이'를


운을 부르는 말과 행동 50

외칩니다. 새벽부터 밤까지 일하려면 눈뜨고 졸거나 버스가 급정거하면 넘어지기도 하지요. 어느 겨울 날이었습니다. 노부부가 많은 짐을 가지고 버스를 기다리는 걸 봤습니다. 저는 고향에 계신 부모님 생각이 나서 뛰어내려 짐을 실어드리고 부축을 해서 태워드렸는데 알고 보니 돈 많은 재일교포였어요. 버스들이 그냥 지나쳐서 고생한 노부부는 자기네를 태워줘서 고맙다며 저를 수양딸을 삼아주셨습니다. 거기다 한국을 떠나실 때 기념으로 버스 한 대를 사 주셨습니다. 그것이 새끼를 쳐서 지금의 회사가 된 겁니다.”

그의 얘기를 듣다 보니 가수 김용만의 〈회전의자〉가 생각난다.
– 빙글빙글 도는 의자 회전의자에 임자가 따로 있나, 앉으면 주인인데 사람 없어 비워둔 의자는 없더라.

정주영 회장에게 인터뷰를 하자고 했던 기자들이나 재일교포 노인을 태우지 않고 지나쳐버린 버스 안내양들은 좋은 기회를 놓쳤다. 이들에게도 똑같은 기회가 주어졌지만 최선을 다한 사람만 운을 잡는다. 눈앞의 기회를 놓쳤다고 해서 후회할 필요는 없다. 지속적인 행동만이 누적 효과를 보는 법이다.

# 이건희 회장에게 19건의 보험을 판 사람

삼성생명 입사 전 교육인 클로버 과정에 출강하면서 "얼마의 소득을 원하십니까?" 하고 각자에게 물으면 답은 제각각이다. "반찬거리를 살 정도면 돼요."라고 대답하는 사람이 있는가 하면 "어차피 경쟁인데 최하 연봉 1억은 넘어야겠지요."라는 사람도 있었다. 1년 후에 가서 이들을 면담하면 반찬거리 얘기를 한 사람은 반찬거리만큼 돈을 벌고 1억 얘기를 한 사람은 그 이상의 소득자가 되어 있다. 연령이나 학력 등은 대동소이한데 자기가 말한 대로 되어 있는 것이다.

눈을 감고 지난날을 되돌아보면 떠오르는 얼굴들이 있다. 그중에 한 사람은 삼성생명 영등포지점의 정운영 지구장이다. 용인연수원에서 우적과정에 출강하여 '적극적 사고'에 대한 강의를 하고 돌아왔는데 다음



운을 부르는 말과 행동 50

날 누가 내 사무실을 방문했다. 나를 찾아온 그는 다리를 심하게 절었다. 어려서 소아마비를 앓아 그렇게 되었다는 것이다.


"어제 선생님 강의를 듣고 자신감이 용솟음쳤습니다. 다음 시간은 과장님 차례였는데 보험을 잘하려면 다리가 튼튼해야 한다고 하셨어요. 꼭 저 들으라고 하는 것처럼 느껴져 옛날 앓던 우울증이 되살아나 내가 왜 살아 이 수모를 겪어야 하나 하는 생각이 들었어요. 아무래도 회사를 그만두는 것이 좋을 것 같아서…."

"그만두는 것은 언제나 할 수 있지만 여기서 그만두면 영원한 패배자가 됩니다."

"그럼 어떻게 하면 좋을까요?"

"남들이 상상 못 할 한 사람만 가입을 시키고 그만둬도 승리자입니다."

"그런 사람이 누구일까요?"

"그야 이건희 회장님이겠지요?"


이 말을 듣는 그의 눈빛이 섬광처럼 빛나는 것을 느꼈다. 다음날 정운영 씨는 이건희 회장 집에 새벽같이 방문했지만 경비원들에게 제지당하고 쫓겨났다. 하지만 그는 날마다 출근하듯 집앞을 서성였는데 그때마다 경비원들에게 차단당한 것이다. 19일째 되던 날은 방법을 바꿨다. 경비원 눈을 피해 담벼락 뒤에 숨어 있다가 차가 나올 때 뛰어나가기로 작전을 바꾼 것이다.  몇 시간을 기다렸다가 차가 슬슬 나올 때 100m 선수처럼 달려나가 차의 손잡이를 붙잡았다. 깜짝 놀란 이 회장이 차문을 열면서 화를 냈다.

"당신 누군데 죽으려고 차에 달려들어요?"
"그런 게 아닙니다. 회장님에게 할 말이 있어 차를 붙잡은 겁니다."
"무슨 일입니까?"

그는 자기도 모르게 울음이 터져나왔지만 이를 악물고 말했다.

"회장님, 저는 삼성생명의 정운영 설계사입니다. 1분이면 됩니다. 보험 1건만 들어주십시오."

정운영 씨를 물끄러미 바라보던 이 회장이 말했다.

"지금 바쁜데 차에 올라타세요. 가면서 얘기합시다."

자초지종 얘기를 듣던 이건희 회장도 눈가가 촉촉히 젖었는데, 정운영 씨가 이 회장 집에 19번 찾아온 기념으로 19건의 보험을 가입하며 격


운을 부르는 말과 행동 50

려해 주었다.

"당신은 위대한 삼성인입니다. 건투를 빕니다."

나는 그 얘기를 여러 매체에 소개했고 정운영 씨는 일약 스타가 되었다. 그후 나를 찾아왔는데 옛날의 그가 아니라 위풍당당한 여장부가 되어 있었다.

"청와대도 뚫었습니다. 이제 대통령도 가입시킬 수 있습니다."
"청와대를 뚫은 것은 잘한 일이지만 대통령을 보험에 가입시키는 것은 포기하세요. 대통령은 국정에 바쁜 분이니 임기가 끝난 다음 만나도 됩니다."

이 무렵 한화그룹 임원 부인 교육을 하고 있을 때여서 그를 강사로 추천했다.

"이분은 강사가 아니니 강사료는 주지 않아도 됩니다. 그러나 감동을 받고 인생에 큰 도움이 되었다고 생각되면 보험 1건씩만 부탁드립니다."

수강인원은 30명이었는데 반응은 폭발적이었다. 여기서 29장의 보험가입 신청서를 받았다. 그러나 더 감사한 일은 남편으로부터 불구라고 무시당하며 살아왔는데 일약 명사가 되자 남편도 감동하여 고객 확보에 발벗고 나섰다.

어둡던 가정이 해 뜨는 가정으로 변한 것이다. 포기하지 않는 정신은 불운을 뛰어넘는다. 가수 성진우는 〈포기하지 마〉로 큰 인기를 얻었다. 그렇다. 포기는 배추 셀 때만 쓰는 용어일 뿐이다.

# 습관이 인생의 승패를 결정한다

생각이 행동을 만들고 행동의 반복이 습관을 만들어 운명을 결정한다. 따라서 그 사람이 매사에 무슨 생각을 하고 어떻게 행동하느냐는 매우 중요하다.

어떤 의사가 알코올중독자를 모아놓고 알코올이 인체에 미치는 영향에 대해 설명하며 알코올이 담긴 병에 지렁이를 넣었다. 알코올 병에 넣은 지렁이가 몇 번 꿈틀거리더니 금방 죽어버렸다. 호기심 어린 눈으로 지켜보던 환자들에게 의사가 질문했다.

"자, 이 실험을 보고 무슨 생각을 했습니까?"

그러자 한 환자가 회심의 미소를 지으며 진지하게 대답했다.

"술을 마시면 회충약이 필요 없다는 것을 알게 되었습니다."

모두가 와하하하 웃음보를 터뜨렸다.

매년 새해 아침이면 많은 흡연자들이 금연을 결심한다. 담배처럼 백
해무익한 것도 없다는 사실을 알기 때문에 금연을 시도하지만 대부분
작심삼일로 끝나고 만다.

 성공도 실패도 어떤 습관에 익숙해 있느냐로 결정된다. 습관을 바
꾸는 데는 21일이 걸린다. 반대로 말하면 21일 만 투자하면 습관이
된다는 말이다. 나쁜 습관을 바꾸고 싶으면 21일 동안 변화에 집중해
보자. 도전할 때마다 느끼는 바가 있을 것이다.

해군은 2004년 4월부터 기초군사학교에 입소한 훈련병 중 몸무게가
많이 나가거나 체력이 약한 사람들만 모아 기수마다 30~100여 명을 특
별소대로 편성해 훈련을 실시했다. 이들은 체력이 현저하게 약하고 체
중은 80~110킬로그램까지 다양한데, 윗몸 일으키기와 팔굽혀 펴기를
1~20회도 못할 정도이다. 구보만 해도 다른 훈련병들과 같은 속도로 걷


운을 부르는 말과 행동 50

기 어려울 정도이니 유격훈련이나 행군 등은 말할 것도 없어 학교에서 우열반을 편성하듯 특별소대를 만든 것이다.

토요일마다 몸무게를 측정해 변화를 알려주며 훈련 강도를 조절한다. 즉 기상과 취침 및 식사 전에 요가와 운동, 구보를 하는 것도 여느 소대와 다르고 식사량도 스스로 줄이고 운동도 자발적으로 하며 살을 뺀다. 훈련 3주째에 몸무게가 9~12킬로그램이 빠지는데, 이들이 먹는 양은 다른 소대원의 30% 수준이다.

이곳에서는 기수마다 한 개 소대를 선발하여 '명예소대' 칭호를 준다. 명예소대는 훈련 성과와 낙오자 수, 내무반 생활태도 등을 종합해 선정한다. 이때 스스로 극복하려는 의지가 있는 소대가 뽑힌 것만 보아도 의지가 있다면 불가능이 없다는 것을 우리에게 보여준다.

특별소대에서는 입대 전후와 훈련소 퇴소 직전의 사진을 본인에게 준다. 다이어트 광고처럼 몰라보게 달라진 자신의 사진을 보며 평생 결심을 지속하라는 의미가 담겨 있다. 훈련병은 매일 '수양록'에 글을 쓰는데 '퇴소 후가 더 중요하다', '살과의 전쟁을 영원히 선포하라'고 쓴 사람도 있다.

군대가 힘들다며 가지 않으려고 신체를 훼손하거나 국적을 포기하는 사람들도 있다. 그래서일까, 해군의 특별소대처럼 힘들어도 자신을 극복하려는 이들이 더욱 돋보인다.

자신을 어떻게 훈련시키느냐에 따라 인생의 승패가 결정된다. 어떤 습관으로 생활하느냐가 자신의 특성이 되는 것이다.


운을 부르는 말과 행동 50

# 국운이 융성하면 개인운도 융성해진다

1945년 해방은 되었지만 당장 하루 세끼를 먹기도 힘든 때여서 미국이 보내준 구호물자로 허기진 배를 채웠다. 하지만 그것도 부족하여 들판에 나가 개구리나 메뚜기를 잡아먹거나 나무 껍질을 벗겨 먹었다. 이렇게 힘들게 살았지만 들판에서 일하다 점심 때가 되면 지나가는 나그네를 불러 나눠 먹을 만큼 인심은 후했다.

해방될 때 나는 초등학교 2학년이었는데 한겨울에도 내복 없이 다니는 아이들이 많았고, 대부분 도시락을 싸올 형편이 못 돼 점심을 굶고 공부를 했다. 지금의 아프리카 난민과 비슷한 형편이었다. 요즘 에볼라 바이러스 때문에 세계가 공포에 떨고 있지만, 그때는 염병이라고 불리는 장티푸스가 한 번 지나가면 이 집 저 집에서 곡소리가 들려왔다. 동네가 같은 우물을 사용하고 있어 수인성 전염병이 한 번 돌면 같은 날 초상을 치르는 집이 허다했다.

나는 장티푸스에 걸렸다가 운좋게 살아났지만 항암치료를 받는 환자처럼 머리가 모두 빠지고 기력이 없어 걷지 못해 기어다녔던 기억이 아직까지 새롭다.

1946년은 철광석과 오징어를 일본과 중국에 수출하며 최초로 350만 달러의 외화가 우리나라에 들어온 기념비적인 해다. 1950년 나는 중학교에 입학했다. 우리나라의 경제와 국방이 열악하기 짝이 없다는 것을 안 북한은 탱크를 몰고 쳐들어왔는데 3일 만에 서울이 함락되었다. 파죽지세로 밀고 내려와 대구와 부산 일부를 빼고는 인민군 손에 들어갔다. 그러나 하늘이 사랑하면 기회는 오게 마련이다. 9월 15일 맥아더 장군이 인천상륙작전을 지시할 때 모든 참모들이 반대했다.

"세계 전사상 이런 작전이 500번 있었지만 단 한 번 승리했고 모두 전멸했습니다."

눈을 감고 듣고 있던 맥아더 장군은 잠시 후 벌떡 일어나 말했다.
"그렇다면 나는 한다."


운을 부르는 말과 행동 50

인천은 조석 간만의 차가 워낙 심해 상륙작전이 불가능하다고 판단했지만, 천우신조로 해냈다. 하늘이 돕지 않았으면 불가능한 전투다. 북한이 서울을 함락하는 데 사흘이 걸렸는데 그 거리의 절반도 안 되는 서울을 탈환하는 데 걸린 시간은 13일이나 된다. 얼마나 치열한 전투였는지 알 수 있다.

1960년 철광석·무연탄·오징어·흑연·돼지털을 수출하면서도 감격했던 우리다. 자식들도 가르쳐 취직이라도 해야 먹고 살 수 있다고 생각한 농촌 부모들은 목숨과도 같은 소와 땅을 팔아 자식을 대학에 보냈다. 그래서 배움의 전당인 상아탑(象牙塔)을 우골탑(牛骨塔)이라고 빗대어 불렀다. 그 힘이 오늘의 위대한 대한민국을 건설한 것이다. 이 시대를 살았던 사람들은 대부분 북한 사람처럼 키가 크지 않다. 못 먹어 못 자란 것이다.

1970년 가발·섬유·합판·신발을 수출했고 여인네들은 자기 머리를 팔아 외화획득에 한몫을 했다. 이 무렵 밤에 도둑이 가위를 들고 몰래 들어와 부녀자의 머리를 싹둑 잘라가는 일이 비일비재했다. 훔칠 물건조차 없던 시절이었던 것이다.

1980년 의류·철강·선박·영상기기 등을 수출했다. 우리나라 기업들이 성장하고 있는 것이 눈에 보였다.

1990년 조선·반도체·자동차·석유화학·전화기를 수출하여 외화벌이가 50년 만에 1조 달러를 돌파했다. 천지개벽이나 마찬가지였다.

우리가 자동차를 처음 수출한 해가 1976년으로, 현대차가 1,042대를 수출했을 때 박정희 대통령은 방송 중에 감격의 눈물을 흘렸다. 우리 손으로 차를 만들어 수출했다는 것은 대단한 일이다. 같은 해에 자동차 강국들의 판매실적을 비교해 보자. 도요타 118만 대, 닛산 114만 대, 폭스바겐 84만 대, GM 80만 대, 르노 64만 대, 포드 62만 대다. 2013년 현대차 그룹은 800만 대를 수출했다. 해외에서 한국차가 질주하는 것을 보면 가슴이 벅차오름을 느낀다.

대한민국은 2030년에 세계 5대 강국이 된다. 세계 속 한국의 현주소를 직시해 보자.

1. 외화 보유고 세계 7위
2. 자동차 2013년 800만 대, 230개 국가에 수출
3. 1~6등까지의 조선소는 모두 대한민국 조선소
4. 2013년 라면 매출고 2조 원, 그 중 1조 원 수출

5. 20년 전 세계 320번째 기업 삼성전자가 현재 8위

6. 2013년 인도네시아에 국산 초음속기 T-50 16대 판매

7. 2014년 국내 건설회사가 외국에서 공사 수주 90조 원

8. 중동과 아프리카 국민의 45%가 삼성전자와 LG전자 휴대폰 사용

9. 전세계 평균 3명 중 1명이 한국에서 만든 휴대폰 사용

10. 전세계 바다에 떠다니는 대형선박 43%가 한국산

11. 삼성전자 평택에 100조 원 투자, 서울 서초동에 1조 원 투자한 연구
    센터 건설 중

12. 서울의 지하철 세계 1등

13. 인천공항 세계 1등

14. 세계 기능올림픽 대회 8년 연속 1등

15. 반도체 1등

16. 삼성과 LG 승승장구, 모토로라, 블랙베리, 노키아, 소니, 파나소닉
    등은 망함

17. 애플도 망하고 있음. 한국의 기술이 전세계를 지배하고 있음

18. UN은 한국 전자정부 기술이 세계 1등이라고 발표

19. 인터넷 속도, 기술, 보급률이 세계에서 가장 우수한 나라

20. 2014년 4월 세계 최초로 수소가스차를 개발하며 세계가 놀람

21. 세계 전문기관들이 한국이 2030년 안에 세계 5위 경제대국이 될 것이
    라고 전망

22. 한국인이 카카오톡 개발, 전세계 100여 개국에 팔아 1조 5,000억 원
    부자가 됨.

23. 연간 1억 개의 타이어를 생산하는 타이어 3대 강국

24. 동동구르무로 출발한 화장품 매출액이 연간 3조 원, 세계 100여 개
    국에 수출

25. 2014년 1,400만 명이 한국 방문. 그 중 610만 명이 중국인이다.

26. 초코파이 100여 개국에 5,000억 원 수출

27. 2013년 세계 1등 상품 수 151개

28. 세계 5대 잠수함 생산국

29. 세계 3대 교육용 로보트 수출국

30. 항공 서비스 1등

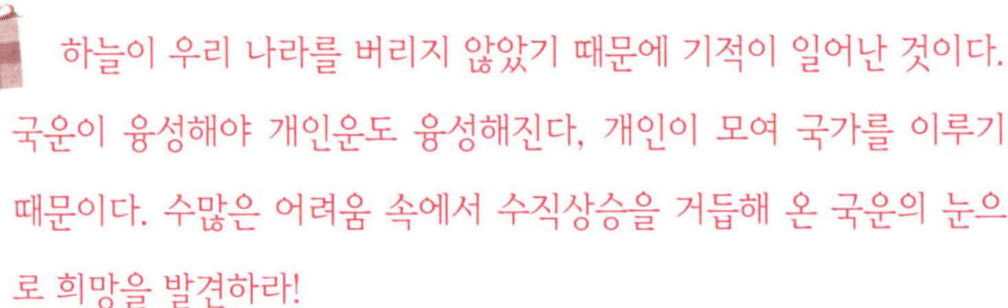

하늘이 우리 나라를 버리지 않았기 때문에 기적이 일어난 것이다. 국운이 융성해야 개인운도 융성해진다, 개인이 모여 국가를 이루기 때문이다. 수많은 어려움 속에서 수직상승을 거듭해 온 국운의 눈으로 희망을 발견하라!

# 도전과 열정의 법칙 50가지

*** * ***

살다 보면 넘어질 때도 있고 주저앉아 통곡하고 싶을 때도 있다. 그러나 지나고 보면 그것이 나를 성장시키는 원동력임을 알게 된다. 어려움을 통해 강한 자로 변신하라.

**01.** 힘차게 일어나 태양을 마셔라. 자신감이 기적을 창조한다.

**02.** 누워 있으면 넘어지지도 않는다. 넘어짐에도 그만한 값어치가 있다.

**03.** 삶이란 모험과 도전이다. 열정으로 추진하라.

**04.** 도전자에게 승리의 영광이 기다린다. 비겁한 도망자가 되지 말라.

**05.** 달궈진 쇠가 명검으로 거듭난다. 희망을 잃지 말라.

**06.** 그림자는 태양이 있기에 생겨난다. 보는 쪽만 보이는 것이다.

**07.** 간절한 소망은 하늘에서 지원해 준다. 하는 일에 정성을 다하라.

**08.** 가족의 힘은 절대자의 힘에 버금간다. 가족을 소중히 여겨라.

**09.** 일은 나의 운명을 평생 지탱해 준다. 일과 연애하라.

**10.** 안 된다는 생각을 버려라. 안 될 이유가 있으면 될 이유도 있다.


제4장  포기를 KO시켜라

**11.** 손연재도 수없이 실수를 반복했다. 실수와 실패는 번지가 다르다.

**12.** 신이 준 무한능력을 믿어라. 그 능력을 최대로 활용하라.

**13.** 불행 중 다행은 있어도 다행 중 불행은 없다. 당당하라.

**14.** 부정적인 사람은 가까이하지 말라. 차라리 강도를 만나는 것이 백 번 낫다.

**15.** 밥 잘 먹고 잠 잘자라. 힘이 있어야 열정도 생겨난다.

**16.** 걸려 넘어진 돌을 걷어차지 말라. 그 돌을 디딤돌로 활용하라.

**17.** 감사하면 감사할 일이 생겨난다. 감사하고 또 감사하라.

**18.** 동정을 받으려 하지 말라. 노숙자가 되려면 그래도 된다.

**19.** 기쁜 일이 없어도 기뻐하라. 표정이 변하면 운명도 변한다.

**20.** 홍수환은 4전 5기의 주인공이다. 7전 8기의 주인공이 되라.

**21.** 사는 데 문제 없기를 바라지 말라. 해법의 달인이 되라.

**22.** 있을 때는 겸손하라. 그러나 없을 때는 당당하라.

**23.** 남을 의식하지 말라. 내가 상대하는 것은 나 자신이다.

**24.** 남을 기쁘게 하라. 그것이 나를 위하는 일이다.

**25.** 게으른 사람은 들어온 떡도 못 먹는다. 근면 성실하라.

**26.** 자기 일에 프로가 되라. 프로가 안 되면 포로가 되어버린다.

**27.** 생각을 바꾸면 운명도 변한다. 좋은 생각만을 간직하라.

**28.** 밝은 노래를 불러라. 희망찬 노래가 행운의 행진곡이다.

**29.** "나는 할 수 있다."를 외쳐라. 내재된 능력이 화산처럼 분출한다.

**30.** 힘을 주는 책과 친구가 되라. 10배의 에너지를 공급받는다.



운을 부르는 말과 행동 50

**31.** 눈 뜨고도 꿈을 꿔라. 그 꿈은 현실의 청사진이다.

**32.** 아랫배에 힘 주고 말하라. 소리의 힘이 우주와 교감된다.

**33.** 티끌 모아 태산이다. 작은 힘을 우습게 보지 말라.

**34.** 죽는 소리 하지 말라. 죽는 소리를 하면 저승사자가 몰려온다.

**35.** 힘과 운은 손바닥의 앞뒷면이다. 잠 잘자고 밥 잘 먹어라.

**36.** 오늘 걷지 않으면 내일 뛰어야 한다. 꾸준하게 걸어라.

**37.** 힘든 일을 자청하라. 인생도 기록갱신이 가능해진다.

**38.** 불평 불만은 자살폭탄이다. 희망만을 보고 듣고 말하라.

**39.** 시야를 넓혀라. 시야가 넓어지면 안 보이던 것도 보이기 시작한다.

**40.** 좋은 멘토를 만나라. 좋은 멘토는 백 사람의 몫을 한다.

**41.** 순리를 벗어나지 말라. 궤도 이탈은 불운의 시작이다.

**42.** 봉사에 앞장서라. 봉사는 우주와 하나 되는 최고의 힘이다.

**43.** 99에 만족 말라. 100이 되어야 물도 끓어넘친다.

**44.** 힘들면 기뻐하라. 힘든 것은 힘이 들어온다는 뜻이다.

**45.** 보이지 않는 힘이 나를 돕는다. 그 힘을 믿어라.

**46.** 하는 일에 미쳐라. 미쳐야(狂)야만 미칠(及) 수 있다.

**47.** 세상만사 순리대로 살아가라. 억지춘향은 위험하다.

**48.** 100% 긍정언어만 사용하라. 하늘에서 보너스를 안겨준다.

**49.** 숨가쁨에 감사하라. 정상이 가까울수록 숨가쁘기 마련이다.

**50.** 최후에 웃는 자가 승리자다. 함박웃음을 준비하라.

# 두 다리의 고마움

운을 부르는 말과 행동 50

우리는 두 다리로 걸으면서 다리가 얼마나 고마운지 알지 못한다. 나는 몇 년 전 오토바이가 달려와 부딪히는 바람에 10여년 간 보행에 불편을 느끼고서야 두 다리의 고마움을 처음으로 느꼈다. 뒤늦은 깨달음이지만 사고가 나지 않았다면 평생 두 다리가 소중한 줄도 모르고 살 뻔했다. 누군지 기억나지 않지만 나를 들이받은 젊은이들이 깨달음을 준 큰 스승이라는 생각이 든다. 다리 때문에 힘들어할 때 지팡이를 선물한 제자가 있다. 그 지팡이 덕분에 다리가 힘을 얻었기에 고마움의 표시로 소중하게 간직하고 있다.

와사보생(臥死步生)이란 걸으면 살고 누우면 죽는다는 뜻으로, 걷기가 건강에 매우 중요함을 강조한 말이다. 현대인들에게 가장 부족한 것은

휴식과 운동인데도 너나없이 시간이 없어서 못 한다고 말한다. 막상 은
퇴하여 시간이 많아지면 돌보지 못한 몸은 망가져 있어 헬스클럽에 가
기 전에 병원 신세부터 지게 된다.

'아웃도어 열풍'으로 등산 재킷이나 등산화가 중장년층의 유니폼처
럼 널리 퍼졌으나, 등산을 하지 않던 사람이 갑자기 산에 오르면 오히려
근육과 관절에 무리를 주어 없던 병까지 생겨난다. 쉽고 돈도 안 들어
누구나 할 수 있는 걷기는 몸에 부담을 주지 않으면서 운동효과는 뛰어
난 이상적인 운동이다.

하루에 30분 정도 경쾌한 걸음으로 걸으면 만성 성인병의 30~40%는
예방이 가능하다. 일주일에 5~6회, 하루에 30분~1시간가량 적당한 속도
로 걷기만 해도 심혈관질환, 체중 조절관리, 고혈압, 당뇨, 골다공증, 관
절염, 우울증, 암 등 여러 가지 질병과 증상을 예방하고 치료할 수 있다.

조지 W. 부시 전 대통령의 관상동맥 스텐트 삽입시술을 했던 쿠퍼클
리닉의 쿠퍼 박사는 단련된 운동선수처럼 매일같이 격심한 운동을 하는
것보다는 차라리 일주일에 4회 정도 하루 3km가량을 걷는 것이 장수에
도움이 된다고 말했다. 심한 운동을 하는 운동선수의 평균 수명이 다른
직업인보다 상대적으로 짧은 것을 보면 과격한 운동은 오히려 해가 된

다. 운동량이 지나치면 유해산소가 훨씬 많아져 면역기능이 떨어지고 오히려 노화와 질병이 오게 된다.

 일본에는 걷기만으로 건강은 물론 인생역전을 이뤄낸 할아버지가 있다. 2013년 5월 23일 에베레스트 최고봉(8,848m)에 오른 사람은 82세의 미우라 유이치로, 그는 70세와 75세 때도 에베레스트 정상에 올랐다. 영하 30도의 추위와 산소량 부족으로 최악의 생존 환경이라 일류 산악인도 도전하면 10명 중 3명만 성공하는 가장 높은 지점인데, 그곳을 정복한 것이다.

그는 운동하는 게 귀찮아 빈둥댔더니 몸이 부실해지고 허리가 아파 고생하다가 선배 의사를 찾아갔다.

'배가 너무 나왔군. 한번 체크해야겠어.'

검사 결과 고지혈증, 당뇨병, 고혈압 등 종합병원 수준에 허리는 39인치였다.

'아직 하고 싶은 일이 많이 남아 있는데….'

그가 '꿈'을 이루기 위해 시도한 것은 '걷기'다. 운동 시간을 내기가 쉽지 않자 출장을 갈 때 공항이나 철도역에서 출발 대기시간에 꾸준히 걷고 또 시간만 나면 걸었다. 첫해는 1kg짜리 발목 벨트를 매고, 2년째에는 2~3kg짜리로 무게를 늘렸고, 일주일에 한 번 정도 몸에 10kg짜리 발목 벨트를 달고 걸었다. 70살 때 에베레스트 도전 직전에 한 검사 결과, 신체연령은 40세, 골밀도는 20대 수준으로 나타났다. 60세 때 검사에서 신체연령 85세였는데 꾸준히 걷기를 하여 몸이 훨씬 젊어진 것이다. 일본 정부는 노인들의 도전을 장려하는 취지에서 '미우라 상'을 제정했다.

아마도 처음부터 무턱대고 등반하려고 했으면 미우라 씨의 꿈은 결코 이룰 수 없었을 것이다. 하지만 그는 걷기를 시작해 꾸준히 체력을 길렀기 때문에 결국에는 걸어 다니는 종합병원에서 에베레스트 등반가로 거듭날 수 있었다.

# 일본인에게서 배우는 50가지



* * *

배운다는 것은 아름다운 일이지만 학교에서 배운 지식보다는 지혜가 더 중요하다. 지혜의 왕 솔로몬은 지금까지도 삶의 지혜를 알려준다. 이제 만나는 사람 하나하나에게 애정과 관심을 쏟아보자. 그들에게 배울 것은 너무나 많다. 우리는 다문화민족이다. 그들에 대해 관심을 가져보자. 세계가 보는 한국과 일본을 비교해 보는 것은 절실히 필요하다. '국운은 국가 이미지와 직결된다'. 생존을 위해서라도 변하지 않으면 안 된다.

**01.** 한국인은 문제가 생기면 남을 탓한다. 안 되면 조상 탓, 잘되면 내 덕이다.

**02.** 일본인은 누구를 탓하는 법이 없다. 살다 보면 그럴 수도 있다고 생각한다.

**03.** 한국인은 대기업에 다녀야 출세라고 생각한다. 중소기업은 자리가 있어도 안 간다.

**04.** 일본인은 대학교수 사표 내고 소규모 오뎅가게를 한다. 가업 계승이 큰 영광이다.

**05.** 한국인은 귀한 손님은 외식을 시킨다. 그래야 제대로 대접했다고 생각한다.

**06.** 일본인은 귀한 손님은 자기 집으로 모신다. 그것이 정이라고 생각한다.

**07.** 한국 여성은 너나없이 명품백을 메고 다닌다. 알고 보면 97%가 짝퉁이다.

**08.** 일본 여성의 핸드백은 대부분 자기가 만든 수제품이거나 어머니가 쓰던 핸드백이다.

**09.** 한국인은 모였다 하면 사람 흠집 내기, 흉보기에 열을 올린다. 증오심만 불타오른다.

**10.** 일본인은 모이면 사람 칭찬이 대부분이다. 인성교육은 저절로 된다.

**11.** 한국 여성은 남자를 만나면 몇 평에 사느냐부터 묻는다. 작은 평수면 딱지 맞는다.

**12.** 일본 여성은 남자를 만나면 꿈이 뭐냐고 묻는다. 꿈이 없으면 그 자리에서 끝난다.

**13.** 한국 여성은 옷을 몇 번 입다가 지루하면 쓰레기통에 버린다. 멀쩡한 옷들이다.

**14.** 일본인은 낡은 옷도 리폼해서 입는다. 옷의 수명이 우리보다 5배가 넘는다.

**15.** 한국인은 월급을 만 원만 더 줘도 옮겨간다. 자기 몸값이 올랐다고 여기는 것이다.

**16.** 일본인은 있는 자리에 뿌리를 박는다. 뿌리 깊은 나무가 튼튼함을 알기 때문이다.

**17.** 한국인은 일이 조금만 힘들어도 쉽게 포기한다.

**18.** 일본인은 힘들면 힘을 기른다. 80세가 넘어 에베레스트 정상을 정복한 사람도 있다.

**19.** 한국인은 쉬 덥고 쉬 식는다. 시작은 거창하나 용두사미다.

**20.** 일본인은 한결같다. 용두 용미 사두 사미다.

**21.** 한국인은 솔깃한 말에 잘 넘어간다. 평생 모은 재산을 사기꾼 입에 털어
넣는다.

**22.** 일본인은 남의 말을 열심히 경청한다. 경청했다고 해서 동조하는 건 아니다.

**23.** 한국인은 누구를 만나면 주량을 자랑한다. 그것도 자랑이라고….

**24.** 일본인의 술잔은 병아리 요강만 하다. 그것도 술잔이라고….

**25.** 한국인은  이혼하면 그날부터 원수다. 평생 저주하며 살아간다.

**26.** 일본인은  이혼해도 자주 만난다. 제일 먼저 자기 애인을 소개한다.

**27.** 한국인은 안전 불감증이다. 사고 나고 얼마 안 지나 같은 사고가 또 터
진다.

**28.** 일본인은 위기대처 능력이 뛰어나다. 안전에 관한 한 세계 제일이다.

**29.** 한국인은 자신의 이익이 우선이다. 돈 때문에 배은망덕하는 게 보통이다.

**30.** 일본인은 언제나 국익이 먼저다. 나라가 살아야 국민도 산다.

**31.** 한국인은 잘못하고도 오리발 내민다. CCTV에 찍혀도 아니라고 큰 소리
친다.

**32.** 일본인은 잘못은 끝까지 책임진다. 책임자는 할복자살한다.

**33.** 한국인은 법질서를 안 지킨다. 지키는 사람만 손해라고 생각하는 것이다.

**34.** 일본인은 차가 안 다니는 밤에도 신호를 지킨다. 준법정신이 철저하다.

**35.** 한국인은 자녀를 고생시키지 않는다. 그러다 보니 커서도 홀로서기를 못
한다.



운을 부르는 말과 행동 50

**36.** 일본인은 자녀에게 일부러 고생을 시킨다. 젊어 고생은 사서 하는 것이다.

**37.** 한국인은 욕에 있어서는 세계 제일이다. 〈우리말 욕 사전〉까지 있다.

**38.** 일본인의 욕은 하나밖에 없다. '바보' 가 유일한 욕이다.

**39.** 한국인은 노인을 우습게 안다. 자기도 노인이 된다는 건 생각조차 못 한다.

**40.** 일본인은 노인을 살아 있는 박물관이라고 존경한다. 동방예의지국의 부
활이다.

**41.** 한국의 일부 직장인은 입으로만 일하고 분쟁만 일삼는다.

**42.** 일본 직장인은 무엇을 하건 최선을 다한다. 회사원도 노벨상을 탄다.

**43.** 한국인은 혼자서는 잘한다. 그러나 여럿이 함께하면 싸움이 일어난다.

**44.** 일본인은 혼자는 무기력해 보인다. 그러나 여럿일수록 단결한다.

**45.** 한국인은 많이 소유해도 부족함을 느낀다. 나보다 더 가진 사람이 있기
때문이다.

**46.** 일본인은 작은 것에도 만족을 느낀다. 단무지 세 개로 식사하며 행복을
느낀다.

**47.** 한국 국회의원은 툭하면 길거리로 뛰쳐나간다. 무노동 무임금을 만든
사람들이다.

**48.** 일본 국회의원도 싸움을 한다. 권투선수가 링 안에서 싸우듯 국회 안에
서 싸운다.

**49.** 한국노조는 회사가 2,000억 손실이 나도 성과급 달라고 파업한다.

**50.** 일본노조는 흑자가 나도 회사의 앞날을 생각해 임금동결을 자청한다.


제4장 포기를 KO시켜라

# 최후에 웃는 자가 주인공이다

가수 김상희 씨가 〈대머리 총각〉으로 일약 스타로 자리매김을 했지만 막상 대머리들은 정신적으로 심각한 상처를 입는다. 아침뉴스에 대머리를 고치려고 뒤에 있는 머리를 뽑아 이식을 했는데 오히려 완전한 대머리가 된 환자에게 손해배상하게 된 얘기가 나왔다. 불편을 감수하고 가발을 쓰는 사람도 많다. 남이 어떻게 볼까 하는 염려 때문에 스스로 환자가 되는 것이다.

탤런트 박용식 씨는 전두환 대통령과 인상과 대머리까지 비슷한 죄(?)로 TV 출연금지를 당했다. 생계가 곤란해지자 방송사의 배려로 삿갓 쓴 스님 역할 정도로 출연했지만 그런 배역은 가뭄에 콩 나기 정도였다. 그는 2년 전 이장호 감독의 종교 영화 〈시선〉에서 큰 배역을 맡아 해외에서 촬영을 했는데, 이때 생긴 풍토병으로 세상을 떠났다. 대머리

가 아니었더라면 스트레스도 덜 받았을 것이고 면역력도 강해 죽지 않
았을지도 모른다.

　나는 30대 초반에 원형탈모증으로 고생한 적이 있었다. 생사기로를
헤매면서 제대로 먹지도 자지도 못하며 생긴 스트레스가 원인이었다.
자고 나면 머리가 수북이 빠져 고민하는 것을 보고 주위에서 좋다는 제
품을 구해다 주었지만 결과는 절망적이었다. 그때 심정은 겪어보지 않
은 사람은 모른다.

　나와 가까운 후배 김용규 씨는 젊은 나이에 우리나라에서 가장 큰 식
품회사인 N사의 임원이 되었을 정도로 장래가 촉망되는 청년이었다. 그
러나 그의 꿈은 성공하는 직장인보다 스스로 천연재료를 사용하여 건강
한 세상을 만드는 것이어서 직장을 접고 제품 개발에 머리를 싸맸다. 처
음에는 퇴직금으로 비용을 충당하다가 돈이 다 떨어지자 집을 줄여 연
구 개발비에 충당했으나 깨진 독에 물 붓기였다. 더 이상 버틸 힘이 없
자 부인이 반찬가게에 나가 생활비를 벌며 격려해 주고 직장 다니는 두
딸도 협력자가 되었다. 드디어 천우신조랄까 하늘이 도와 60세가 넘어
신제품이 나왔다.

　부산대학교 식품영양학과 박건영 교수 연구팀과 공동으로 연구 개발

한 것으로 이름은 태명청 추출액이다.

나에게도 건강에 좋으니 먹어보라고 태명청 추출액을 가져오면 주위에 암 수술 후유증으로 식사를 제대로 못 하는 사람에게 나눠주는데, 대부분 식욕이 회복되고 건강이 좋아졌다는 얘기를 듣는다. 암환자는 암 때문에 죽는 것이 아니라 영양실조로 죽는다는 것을 알기에 이때 느끼는 보람은 이루 말할 수 없을 정도로 크다.

김용규 씨가 이번에는 탈모 예방 및 양모가 되는 탈모방지 샴푸와 헤어토닉을 연구 개발했다. 태명청 추출액의 특징 중 하나인 세포 주기(Cell Cycle)를 도와 세포가 정상화되어 두피와 모근을 건강하게 만드는 원리를 적용한 것이다. 주위의 연예인, 친지들을 대상으로 1년여의 자체 임상테스트를 거친 뒤 나에게 보내줘 사용한 지 6개월이 되는데 아내가 고개를 갸웃거린다.

"머리카락이 많이 굵어지고 다시 나네요. 회춘하는가 봐요."

인생살이는 산 오르기와 같다. 처음부터 낙오자는 없지만 정상이 가까울수록 낙오자는 늘어난다. 대부분 낙오자는 한 걸음만 더 가면 정상인데도 그것이 보이지 않아 정상정복 직전에 쓰러지는 것이다.

　최근 임성훈 씨가 진행하는 〈강연 100°C〉에 암이 간으로 전이되어 위기에 처했던 이가 나왔다. 그는 우리나라 산의 정상 1만 개를 정복하고 다시 병원에 갔더니 전이되었던 암세포가 모두 사라졌다고 했다. 그 얘기를 듣는데 나도 모르게 감동의 눈물이 흘렀다. 암세포가 없어진 이유는 여러 가지 있겠지만 목표를 성취했을 때의 감동이 큰 역할을 했으리라는 생각이 든다. 감사, 감동할 때 엔도르핀의 4,000배가 되는 다이도르핀이 생겨 신체의 각 기관을 새롭게 만들어주는 것이다.

　나는 영화나 드라마, 스포츠 등 감동을 느꼈던 장면을 떠올리며 잠을 잔다. 나는 상처를 주는 뉴스나 기사는 열어보지도 않는다. 내가 이끌고 있는 '기쁨세상'은 기쁨만을 보고 느끼고 말하는 모임으로 매달 한 번씩 축제를 여는데 어느새 20여 년이 되었다. 모두가 감동하고 감격하다 보니 너나없이 승리자가 되는 것이다.

# 감사를 부르는 50가지

* * *

감사하면 감사할수록  감사 에너지가 증폭된다.


**01.** 말만 아니라 행동으로 감사하라.

**02.** 아침마다 감사하라. 하루 분량의 생명을 부여받는다.

**03.** 감사에는 때와 장소가 필요 없다. 밥 먹듯 술 먹듯 감사하라.

**04.** 감동 감격으로 감사하라. 은혜가 100배로 증폭된다.

**05.** 감사의 달인은 기적의 주인공이다. 행운의 여신이 손 잡는다.

**06.** 시련에 감사하라. 나를 강화시키려는 신의 배려다.

**07.** 감사의 친구가 되라. 친구의 힘처럼 강력한 것도 없다.

**08.** 밥을 보면 감사하라. 하늘에서 내린 생명물질이다.

**09.** 물 한 모금 마시고도 감사하라. 물의 성분까지 달라진다.

**10.** 어둠을 두려워 말라. 해 뜨기 직전이 가장 어둡다.

**11.** 감사의 말이 인생을 역전시킨다. 감사에 나를 맡겨라.

**12.** 암세포도 감사하면 해를 끼치지 않는다. 암을 두려워 말라.

**13.** 힘들면 감사하라. 힘들다는 것은 힘이 들어옴을 뜻한다.

**14.** 넘어짐에 감사하라. 김연아는 1년에 800번 엉덩방아를 찧었다.

**15.** 손해에 억울해 말라. 손실과 이익은 손바닥의 앞뒷면과 같다.

**16.** 기쁘게 베풀어라. 복복리로 돌아온다.

**17.** 부모는 나를 세상에 초청한 창조주다. 뜨겁게 감사하라.

**18.** 욕 먹었다고 화내지 말라. 그가 한 욕은 그에게로 돌아간다.

**19.** 병이 나면 감사하라. 골골 100년이란 말도 있다.

**20.** 믿는 신에게 감사하라. 불철주야 나를 보호하고 인도한다.

**21.** 살아 있는 날은 언제나 좋은 날이다. 기쁨으로 환영하라.

**22.** 책을 펴면 감사하라. 좋은 책은 인생의 위대한 스승이다.

**23.** 미운 사람에게 감사하라. 감사 분량을 키워주려는 신의 배려다.

**24.** 감사함의 안경을 써라. 삶의 풍요가 나를 반긴다.

**25.** 남을 감동시켜라. 감사 에너지가 33배로 돌아온다.

**26.** 이왕이면 즐겁게 일하라. 즐거움은 살아서 경험하는 천국이다.

**27.** 쉴 수 있는 공간에 감사하라. 노숙자들도 쉴 수 있음에 감사한다.

**28.** 차를 탈 때 기사에게 감사하라. 나의 생명을 편하게 수송한다.

**29.** 돈 쓸 곳이 있음에 감사하라. 돈은 써야 들어온다.

**30.** 빚 때문에 눈치 보지 말라. 빚도 재산이고 능력이다.

**31.** 불행 중 다행은 있어도 다행 중 불행은 없다. 불행에 감사하라.

**32.** 천지만물에 감사하라. 천지만물도 나를 위해 협조한다.

**33.** 좋은 친구에게 감사하라. 나에게 가장 큰 자산이다.

**34.** 좋은 말과 글에 감사하라. 영혼의 위대한 양식이다.

**35.** 인맥은 감사함을 바탕으로 자라난다. 자신을 되돌아보자.

**36.** 손은 안아주라고 앞에 있다. 뒷짐지지 말라.

**37.** 생각할 수 있음에 감사하라. 생각 없는 사람도 많다.

**38.** 눈과 귀에 감사하라. 보고 들으며 배우라는 하늘의 선물이다.

**39.** 미리미리 감사하라. 먼저 마신 김칫국이 내 몸을 보호한다.

**40.** 막말하는 사람을 멀리하라. 불운 바이러스가 감염된다.

**41.** 감사의 안경을 써라. 모두가 감사한 것뿐이다.

**42.** 감사 노트를 만들어라. 나의 삶을 풍요하게 만드는 경전이다.

**43.** 위하는 마음으로 살아가라. 위하는 자가 위함 받는다.

**44.** 나라에 감사하라. 나라 안에 모든 것이 들어 있다.

**45.** 만나는 사람마다 감사하라. 감사 에너지가 세상을 바꾼다.

**46.** 감사함이 없으면 종교도 무용지물이다. 감사의 터널을 통과하라.

**47.** 덕담을 많이 하라. 그것이 나를 위한 은혜로 돌아온다.

**48.** 감사 기도가 최상의 기도다. 주위 모두가 복을 받는다.

**49.** 긍정의 언어만 사용하라. 말하는 대로 이뤄진다.

**50.** 감사하며 잠들어라. 밤새 감사함이 증폭된다.

# 자만은 죽음에 이르는 병

국민가수 조용필은 소리가 제대로 나오지 않아 똥물을 먹으며 연습하여 목소리를 틔웠다. 또한 송대관도 부르는 노래마다 빛을 보지 못해 적잖이 마음 고생을 하다가 부단한 노력 끝에 마침내 쨍하고 해가 뜬 것이다.

이들은 하루아침에 스타가 된 것이 아니다. 인고의 세월을 보내면서도 포기하지 않고 노력한 결과 행운의 씨앗을 잉태한 것이다. 이를 통해 어떤 길을 어떻게 걸어왔느냐에 따라 행운을 만날 수도 있고 불운을 만날 수도 있음을 알게 된다.

직장에 들어가기가 하늘의 별 따기처럼 힘들다 보니 차라리 먹는 장



제4장  포기를 KO시켜라

사를 하자고 음식점을 차리는 사람들이 적지 않다. 이들 중 몇몇은 돈을 잘 버는 음식점들을 보면서 나라고 저 사람들처럼 벌지 못하겠느냐는 주먹구구식 생각에 사로잡혀 쉽게 시작하기도 한다.

물론 처음에는 제법 돈이 들어온다. 죽기 살기로 할 뿐만 아니라 가까운 친지들이 와서 팔아주기 때문이다. 그러다 차츰 매상이 줄어들기 시작하다가 어느 순간부터 경영에 먹구름이 끼기 시작하고 수습할 겨를도 없이 나락으로 곤두박질친다. 본인은 귀신이 곡할 노릇이라고 생각하겠지만 원인 없는 결과는 없다. 잘나가다 보면 자만심이 생기게 마련인데, 이것이 바로 죽음에 이르는 병이다.

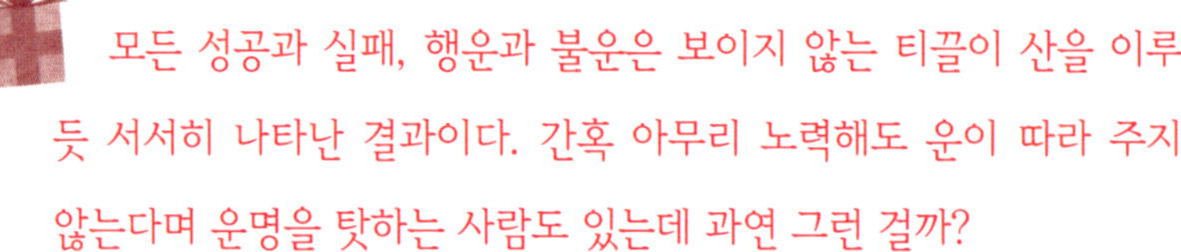 모든 성공과 실패, 행운과 불운은 보이지 않는 티끌이 산을 이루듯 서서히 나타난 결과이다. 간혹 아무리 노력해도 운이 따라 주지 않는다며 운명을 탓하는 사람도 있는데 과연 그런 걸까?

노력을 한다고 하지만 최선을 다하지 않았거나 방향을 잘못 잡았을 수도 있다. 또한 교만, 거만, 자만으로 인해 많은 사람들로부터 외면당했을 수도 있고, 매상 전표의 수입과 지출은 계산하면서 자신의 삶에 대한 대차대조표를 만들어보지 않아서일 수도 있다.

즐거울 때나 괴로울 때나 항상 기쁜 마음으로 삶에 정성을 다하라. 밝은 웃음을 보이다 보면 자신의 삶도 꽃처럼 활짝 피어날 것이다.

# 고난이라는 예방주사

운을 부르는 말과 행동 50

우리는 시련과 고통을 두려워한다. 그러나 무사안일은 무기력한 인생을 만드는 것이다. 나는 올림픽 금메달리스트를 존경한다. 숱한 고통을 겪고 이긴 승리자이기 때문이다. 힘들었던 순간들이 많을수록 감동과 감격의 에너지는 오래 지속된다. 이름 있고 돈 많은 부모들은 자기 자식을 고생시키지 않으려고 군대에 안 보내려고 애를 쓴다. 실제로 그런 사람들이 많다. 그러나 사회에서 일하는 것을 보면 군대 밥을 먹은 사람과 아닌 사람은 확연히 다르다. 어떤 어려운 일이 생겼을 때 극복하느냐 아니냐를 보면 쉽게 해답이 나온다. 고랭지 채소나 겨울을 지난 보리에는 강한 생명력이 들어 있다.

지금은 삼성전자가 1등이지만 전에는 금성사를 따라가지 못했다. 삼성전자는 전직원을 강하게 만들기 위해 1,000리 행군을 시켰다. 1,000리 행군은 말이 쉽지, 걸어보지도 않은 사람에게는 고문과 같다. 행군하는 대열 뒤에는 엠뷸란스가 따라붙었다. 그러나 아무도 낙오한 사람이 없었고 자신감이 용솟음쳤다. 이것이 삼성전자가 금성사를 추월한 계기가 된 것이다. 전에는 기업체 교육에 극기훈련이 꼭 들어갔는데 지금은 찾아보기 힘들다. 체력도 약해지고 인내심도 줄어들고 불만이 커져 없앤 것이다.

염기철 씨는 동양방송 PD로 출발하여 간부 사원이 되었을 때 방송통폐합으로 회사가 없어졌다고 한다. 이후 계몽사로 자리를 옮겨 대표직을 수행하다가 정년을 맞았고 나이가 70세가 넘었다. 나이가 들면 너나없이 하체가 부실해지고 걸으려면 허리에 통증이 생긴다. 이때의 선택은 두 가지 중에 하나다. 누워서 죽을 때를 기다리거나 통증에 맞부딪혀 이기는 것이다. 전자는 쉽고, 후자는 고통이 따른다. 그는 쉽고 편한 것을 포기하고 힘든 것을 선택했다. 동해안을 며칠씩 걸어서 가는 것이다. 놀러 가는 것이라면 재밌겠지만 그는 자신을 이기기 위해서 걷는다. 이 정도의 의지라면 불운도 행운으로 편입된다.

오래전에 감동적으로 감상했던 영화 〈빠삐옹〉이 떠오른다. 스티브 맥퀸이 열연한 주인공 빠삐용은 탈출의 귀재다. 결국 아무도 탈출하지 못

하는 악마의 섬으로 유배되었지만 여기서도 탈출을 꿈꾼다. 조류 바람
의 방향, 조석 간만의 차이 등을 면밀히 계산하여 승산이 있다고 생각하
자 그곳에 있던 위조 지폐범 드가(더스틴 호프만)에게 함께 탈출할 것을
권유한다.

"충분히 탈출할 수 있어."
"안 돼! 여기서는 아무도 탈출에 성공한 사람이 없다."

도저히 설득이 안 되자 빠삐용은 혼자서 탈출한다. 빠삐용이 탄 배가
점점 멀어져 점으로 보일 때까지 드가는 돌부처처럼 서서 바라보고 있
는데, 그의 시야가 안개처럼 뿌옇게 변하며 영화는 끝난다. 그후 빠삐용
은 무사히 탈출에 성공하여 일약 명사가 되었고 상류사회에서 신나는
말년을 보낸다.

고난은 살아가는 데 필요한 예방주사와 같다. 예방주사를 맞고 죽
는 사람은 없다. 그러나 주사 맞는 것이 두려워 피하다가 죽어버리는
사람은 흔히 있다. 고난은 극기력을 만들어준다. 자신을 이기는 사람
만이 최후의 승리자가 되는 것이다.


운을 부르는 말과 행동 50

# 제5장

# 99에 만족 말라
# 100이 되어야
# 끓어넘친다

# 이루어졌다고 생각하고 행동하라

　　꿈을 가진 젊은이가 많으면 그 나라는 흥하지만 꿈 없는 젊은이가 늘어나면 위기가 찾아온다. 마음속에 무엇을 품고 있느냐를 보면 자신의 값어치를 알 수가 있다. 누구나 세상에 태어나서 꼭 이뤄보고 싶은 꿈이 있다.

　　그 꿈을 이룩했을 때에는 성취감을 느끼고 이루지 못했을 때는 한이 되게 마련이다. 로브 라이너 감독의 영화 〈버킷리스트〉는 시한부 선고를 받은 후 죽기 전에 꼭 해야 할 일에 대한 리스트인 '버킷리스트'를 만들어 하나씩 실행에 옮기고 간 두 남자의 이야기를 다룬다. 이 영화가 나왔을 때 많은 사람들이 눈물을 흘리며 공감했다.


운을 부르는 말과 행동 50

오래전 재미있게 보았던 TV외화 시리즈 중에 꿈을 실현시켜 주어 성취감을 심어주는 영화가 있었다. 돈은 많이 벌었지만 정작 꿈을 이루지 못한 부자들이 자기 꿈을 이뤄달라고 의뢰를 하면 드라마 작가가 그 상황을 시나리오로 만들고 무인도에 세트를 만든다. 그리고 의뢰인은 극의 주인공으로 등장하여 갖가지 역경을 겪으며 극적으로 꿈을 성취하게 하는 것이다. 이 모든 내용은 비록 작가의 각본에 따라 연출된 연극일 뿐이지만 그 몇 시간 동안에 한을 푼 주인공이 느끼는 환희와 성취감은 말로 표현하기 힘들 정도다. 비용이야 엄청들겠지만 돈 많은 사람에게는 돈이 문제가 아닌 것이다.

2차 대전을 그린 영화 중에 〈로베레 장군〉이 있다. 전쟁 중 포로수용소에는 계급의 높고 낮음에 상관없이 많은 병사들이 수용되어 있었는데 통솔이 되지 않았다. 그때 풍채 좋은 군인 하나가 나타났다.

"나는 로베레 장군이다. 어떤 일이 있어도 나라를 욕되게 하지 말라."

로베레 장군이 출현하면서 질서가 유지되었고 병사들도 그의 말을 들으며 안정되어 갔다. 그러나 사실 그는 장군이 아니라 평범한 병사였다. 그는 장군처럼 말하고 행동하다 보니 모습이나 일거수일투족이 장군처럼 되었는데, 전쟁이 끝나 전범을 처형하는데 로베레가 대표로 처형당


제5장  99에 만족 말라 100이 되어야 끓어넘친다

하게 되었다. 그러나 그는 조금의 동요도 보이지 않고 미소를 지으며 세상을 하직했다. 어떤 역할을 충실히 하다 보면 정말로 그렇게 되어가는 것이다.

　이루고 싶은 꿈 중에 여러 사람들 앞에서 강의하는 강사를 꿈꾸는 사람들이 예상외로 많다. 많은 사람들에게 존경을 받고 대통령 앞에서도 당당히 자기 뜻을 발표하기 때문이다. 직장생활을 하면 간섭을 많이 받지만 강사는 누구의 간섭도 받지 않는 자유인인데다가 잘만 하면 소득도 대기업 임원보다 뒤떨어지지 않는다. 내가 산업체 강사로 40여 년 일하면서 강사로 키운 사람이 50여 명 된다. 자기 나름대로 조직의 능력 향상에 도움이 될 수 있는 콘텐츠만 갖추고 있으면 누구나 훈련을 통해 강사가 되는 것은 어렵지 않다.

　내가 강사로 키운 사람 중에 한 사람은 초등학교 4학년을 중퇴한 렌터카 운전기사였다. 그는 교육장에 강사를 모시고 다니는 일을 하지만, 강의장 맨 뒤에 앉아 강의를 듣고 녹음까지 해서 집에 가서도 들으며 내공을 쌓은 사람이다. 그의 얘기를 신문·잡지·방송에 도배하다시피 하고 단행본까지 출간하게 해주자 여기저기서 초청 의뢰가 들어오기 시작했다. 지금은 '학력(學歷)' 시대가 아니라 '학력(學力)' 시대라는 것을 알려주기 위해 나는 발 벗고 나서 그를 도왔다. 꿈을 꾸고 꿈을 이루며 사


운을 부르는 말과 행동 50

는 일처럼 아름다운 것도 없다. 그러나 가장 중요한 것은 끝까지 성취하려는 자신의 의지가 중요하며 끝까지 자기관리를 해야 한다.

이뤄졌으면 좋겠다는 생각으로 이뤄지는 경우는 없다. 이미 이뤄졌다고 믿는 것이다. 상상력을 동원시키면 놀라운 파워 에너지가 발생한다. 간절한 소원을 이루는 비법이다.

# 15분 만 생각하라

　　성질이 급한 사람은 좋은 아이디어(?)라고 생각하면 곧바로 행동을 개시한다. 생각이 잘못되었다는 것을 깨달아도 이미 늦다. 운이 좋은 사람은 열 번 생각하고 행동하는 사람이다. 중요한 일을 시작하기 전에 그 문제를 15분 만 심사숙고하면 나중에 4시간을 절약할 수 있다는 것이 15:4의 법칙이다.

　　미리 하루의 일을 생각해서 우선순위를 정하고 업무를 체계화하면 생각 없이 하루를 보내는 사람들보다 성공 가능성이 훨씬 높다. 바둑 프로 기사들이 대국하는 장면을 보면 돌을 어디에다가 놓을까를 생각하는데 많은 시간을 소모한다. 돌 하나 잘못 놓으면 그 때문에 승패가 결정된다는 것을 알기 때문이다.



운을 부르는 말과 행동 50

성공하는 사람들은 충분히 생각하고 행동으로 옮기지만, 실패하는 사람들은 생각 없이 바로 일에 착수한다.

링컨의 말이 이런 경우에 도움이 된다.

"장작 패는 데 쓸 수 있는 시간이 8시간이라면 그중 6시간은 도끼날을 갈 것이다."

링컨의 말을 실천하는 사람과 무조건 시작하는 사람의 차이는 생각에 투자하는 시간의 많고 적음으로 비롯된다.

작은 습관의 차이가 성패를 가르는 것이다.

# 운을 부르는 50가지

**＊＊＊**

운(運)은 절대자의 영역으로 70%를 차지하며, 인간의 재능인 기(技)는 고작 30%여서 운칠기삼(運七技三)이라고 한다. 부족한 사람은 언제나 겸손하여 운을 얻지만, 잘난 것만 알고 교만이 몸에 밴 사람은 좌절할 수밖에 없는 것이 우주의 법칙이다. 덕망은 복과 운과 동업을 하지만 재주는 독불장군이어서 시작은 거창해도 끝은 대부분 비참하다. 운은 사람을 통해 들어오고 나가기 때문에 사람처럼 소중한 것도 없다.

요즘 부모, 스승은 말할 나위 없고 대통령에게까지 막말과 욕설을 퍼붓는 사람들이 있다. 모두 천벌과 관계되는 죄악을 지으면서도 그런 것조차 인식하지 못하고 있다. 나의 아버지는 거지나 도둑을 말할 때도 '님' 자를 붙여 말하셨는데 지금 생각해 보니 나도 붕어빵이 되어 있다.

운이 따른 국내외 현존 인물 15,000명, 역사적인 인물 5,000명을 30년에 걸쳐 연구한 결과 이 원리를 깨우친 사람만이 끝이 창대함을 발견했다.

위하는 자가 위함을 받는 것이다.

**01.** 웃으면서 하루를 시작하라. 좋은 시작이 좋은 하루를 만든다.

**02.** 꿈을 잃지 말라. 꿈은 성취를 위한 청사진이다.

**03.** 기도와 명상을 생활화하라. 우주 에너지가 충만해진다.

**04.** 인연처럼 소중한 것도 없다. 한 번 맺은 인연 변함없이 지속하라.

**05.** 효도는 축복의 출발이다. 부모님 찾아갈 때 기쁨으로 무장하라.

**06.** 기쁨만을 보고 듣고 말하라. 작은 기쁨이 누적되어 기쁨재벌을 만든다.

**07.** 길이 아니면 가지를 말라. 길 한 번 잘못 들면 평생 고생이다.

**08.** 부지런함이 복을 부른다. '잠꾸러기 없는 나라 우리나라 좋은 나라' 다.

**09.** 좋은 사람과 힘을 합쳐라. 좋은 운이 공유된다.

**10.** 세상만사 보는 것만 보인다. 가치 있는 것에 초점을 맞춰라.

**11.** 남의 잘됨을 축복하라. 그것이 큰 복을 짓는 지름길이다.

**12.** 요행을 바라며 기도하지 말라. 도리를 다한 다음 기도하라.

**13.** 달라고 기도하지 말라. 드리게 해달라고 기도하라.

**14.** 안 될 이유를 내세우지 말라. 될 이유만 말하라.

**15.** 가정을 천국으로 만들어라. 만사형통은 그 안에서 이뤄진다.

**16.** 불평 불만은 강도보다 해롭다. 입에 보초를 세워라.

**17.** 소망을 기록하여 지니고 다녀라. 부적 효과가 나타난다.

**18.** 돈이 재산이 아니라 사람이 재산이다. 사람을 재산처럼 아껴라.

**19.** 시간은 생명이다. 주어진 시간을 값지게 활용하라.

**20.** 용서 빌고 용서하라. 용서는 큰 사랑의 실천이다.


제5장  99에 만족 말라 100이 되어야 끓어넘친다

**21.** 책 속에 길이 있다. 스마트폰을 닫고 책을 열어라.

**22.** 어떤 일이 있어도 기죽지 말라. 기가 죽으면 운도 죽는다.

**23.** 말의 온도가 운명을 좌우한다. 말 한마디도 따뜻하게 하라.

**24.** 밝고 힘찬 노래를 불러라. 밝은 미래가 춤추며 달려온다.

**25.** 없을 때는 당당하고 잘나갈 때 겸손하라. 인생역전이 가능하다.

**26.** 끊임없이 자신을 연마하라. 보석처럼 영롱해진다.

**27.** 정리정돈을 잘하라. 내가 있는 곳이 성전이다.

**28.** 남의 말 좋게 하라. 없던 복도 굴러온다.

**29.** 뜻이 있는 곳에 길이 있다. 뜻을 향해 전진하라.

**30.** 좋은 기가 나오는 글씨 그림을 소장하라. 행운을 끌어온다.

**31.** 이겨도 지고 져도 지는 것이 싸움이다. 한시바삐 화해하라.

**32.** 인상을 구기지 말라. 행운까지 구겨진다.

**33.** 인생은 연극이다. 감동으로 연출하라.

**34.** 복은 긍정을 따라다닌다. 예스로 시작하여 예스로 끝내라.

**35.** 말로 입힌 상처가 저주로 돌아온다. 상처 준 자가 치유해 줘라.

**36.** 욕먹어도 화내지 말라. 그가 한 욕은 그에게로 돌아간다.

**37.** 약속은 신의 명령이다. 한 번 한 약속은 목숨 걸고 지켜라.

**38.** 약 중에 명약은 절약이다. 사치 낭비와는 결별하라.

**39.** 멘토를 가져라. 멘토는 칠흑같은 어둠도 밝은 대낮으로 만들어준다.

**40.** 일을 즐겨라. 자기 일에 미친 사람만이 행운의 주인이 된다.



운을 부르는 말과 행동 50

**41.** 음식을 먹을 때 반드시 감사기도를 하라. 모두가 보약으로 변한다.

**42.** 운에는 누적효과가 있다. 작은 운도 모이면 놀라운 힘이 된다.

**43.** 메모하는 습관을 반드시 들여라. 습관이 운명을 창조한다.

**44.** 자신을 정기점검하라. 그리고 끊임없이 정비하라.

**45.** 하루에 5개씩 감사 감동을 기록하라. 새로운 역사가 펼쳐진다.

**46.** 빙글빙글 도는 의자, 회전의자에 임자가 따로 있나 앉으면 주인이다.

**47.** 끊임없이 준비하라. 군대점호도 준비하고 실시한다.

**48.** 인생은 도전이다. 성취해도 도전을 멈추지 말라.

**49.** 선을 베풀면 경사가 있고 악을 지으면  재앙이 따른다. 명심하라.

**50.** 애국가를 불러라. 애국가에는 강력한 우주 에너지가 들어 있다.

# 공기총에 맞아 죽는 코끼리는 없다

도전 한국인 운동본부(본부장 조영관)에서 매년 7월 8일을 7전 8기의 날로 정하고 역경 속에서 승리한 사람을 찾아 시상을 한다. 나는 역경에 굴하지 않고 이겨낸 공로로 상을 받아 한국 기네스에 오르게 되었다.

나는 힘든 병과 공생하며 지지 않고 버티다가 2010년 11월 2일 달려오는 오토바이에 부딪혀 정신을 잃었다. 생각해 보니 죽었다가 깨어난 것이다. 이때 척추 손상을 입어 지금까지 보행에 어려움을 겪다 보니 지혜가 생겼다. 내가 손상을 입은 것은 척추지만 그래도 머리와 손은 멀쩡하다. 그렇게 생각하고 집필과 기도와 명상에 몰입하자 저서가 135권을 돌파하고 베스트셀러가 쏟아지며 나의 인생 후반전이 다시금 꽃피기 시



운을 부르는 말과 행동 50

작했다. 살라는 법은 있어도 죽으라는 법은 없는 것이다.

7전 8기 행사에서 35년 만에 송해 씨를 같은 수상자로 만났다. TBC 아침방송 '가로수를 누비며'를 송해 씨가 진행하고 나는 게스트로 참여했다. 아침마다 머리를 맞대기를 몇 해 동안 하다 보니 10년 연배인 그분은 혈육처럼 가깝게 지냈다. 그러다 TBC가 없어지는 바람에 우리는 이산가족이 되었다. 나는 전국으로 강연 다니고 밤에는 글 쓰며 하루 3시간 정도 자면서 버티다 보니 송해 씨를 만날 생각조차 못했던 것이다. 송해 씨를 만나서 감회가 새로웠지만 사진 몇 장 찍고 또 기약 없는 이별을 하게 되었다. 세상 인연이란 헤어짐과 만남의 연속인지도 모른다.

이날 수상자 중에 놀라운 친구가 있었다. 주인공은 중3의 최유빈 양이다. 최양은 훈련을 통해 영어책 1권을 5분 안에 모두 읽고 이해하는 능력을 개발한 것이다. 보통 사람들의 독서 능력은 하루 1권 읽기도 힘든데 5분 안에 읽고 모두 이해한다는 것은 기적처럼 느껴지겠지만 최유빈 양에게는 일상이다. 자기의 뇌를 전부 사용하는 사람과 일부분만 사용하는 사람의 학습 결과가 같을 수 없는 것이다.

최양은 세계전뇌학습 아카데미 김용진 박사의 제자다. 두뇌는 개발하기에 따라 별처럼 빛나는 보석이 될 수도 있고, 그대로 두면 별 볼 일 없는 돌멩이가 될 수도 있다. 그래서 공부를 못하는 사람을 석두(石頭)라고 부른다.

헤외에서 더 많이 알려지고 노벨상 후보로도 여러 번 추천된 김용진 박사는 세계에서 알아주는 두뇌개발 전문가로, 100명의 노벨상 수상자 배출을 목표로 교육에 매진하고 있다. 세상사는 머리 싸움인데 5분 안에 원서를 읽고 이해하게 만드는 능력이라면 결코 황당한 꿈이 아니다. 방학 때면 해외에 나가 공부하는 학생들이 몰려들어 강의실이 붐비는데, 이들은 교육이 끝나고 돌아가 대학을 다니며 자신감이 넘치는 감사 편지를 보내온다. 낙방 전문가들은 머리가 나빠서가 아니라 머리를 활용하는 방법을 모르기 때문에 생겨난다.

여기서는 중하위 성적을 받는 학생들이 두뇌훈련 교육을 통해 A$^+$를 받아 전액 장학금을 받는 이들도 수두룩하다. 어떤 스승을 만나느냐에 따라 자기의 운명이 달라지는 것이다. 공무원 시험에서 7년간 낙방한 사람이 상담을 왔는데 자기는 계속 아슬아슬하게 낙방했다는 것이다.

"저는 시험 운이 없는 것 같습니다."

"비슷비슷할 때는 운의 영향을 받지만 월등히 뛰어나면 운의 영향권에서 벗어납니다. 새는 공기총에 맞으면 죽지만 공기총에 맞아 죽는 코끼리는 없습니다."

나의 얘기를 들은 젊은이는 김용진 박사의 교육을 3개월 받기로 했다. 그는 한 달도 안 돼 공무원 시험에 응시하여 우수한 성적으로 당당히 합격했다.

바보가 따로 있는 것이 아니다. 바보인 채로 있다 보니 바보로 끝난다. 종편 TV채널에 중고차를 매입하여 부품을 교체하고 완벽하게 새 차를 만들어 경매에 붙이는 프로그램이 있다. 새 차보다 더 좋은 부품을 사용하고 세상에 하나밖에 없는 차로 탈바꿈하여 신차보다 더 비싸게 팔리기도 한다. 한 번은 10년 넘은 아버지 차를 새롭게 만들어 드리려는 효자가 나왔다. 이 프로그램에 맡겨 헌 차를 새 차로 만들어 아버지에게 보였는데 아버지는 자기 차를 전혀 알아보지 못했다. 도색도 다른 색깔로 바꾸고 전에 없던 장치를 장착했기 때문이다. 아버지는 나중에 번호판을 보고 나서야 경악하며 "세상에 이럴 수가…."를 연발했다.

세상이 변하면 나도 변해야 한다. 그래야 운도 변하는 것이다. 그러나 변해서는 안 될 것이 3가지가 있다.

나라 사랑,
이웃 사랑,
가족 사랑.

# 좋은 이름을 불러주자

아인슈타인은 지진아였다. 초등학교에 들어갈 무렵부터 말을 하기 시작했는데 말을 심하게 더듬고 자기 의사 표시를 제대로 못할 뿐 아니라 학교생활에 적응하지 못해 선생님에게 도맡아 야단맞았다. 그러다 보니 성격도 편협해지고 난폭해지자 어머니는 정서적인 안정을 주려고 바이올린을 가르쳤다. 아인슈타인은 바이올린을 배운 지 7년 만에 모차르트의 음악에서 수학적 구조를 깨우쳤다.

그는 새로운 진리의 세계에 눈을 뜨게 되자 눈에 보이는 세계보다 그 뒤에 감추어진 세계의 법칙에 강한 호기심이 생겨났다. 그것이 그를 위대한 천재 과학자로 탈바꿈시켰다.

학력이라고는 초등학교 4개월이 전부인 에디슨은 선생이 보기에는 바보 멍청이였다. 학교에서는 도저히 더 가르칠 수 없다고 하는 바람에 자퇴를 하고 집에 왔는데, 어머니는 그 반대로 '우리 천재'라고 불러주었다. 그러자 차츰 차츰 위대한 거인으로 모습이 변해갔다.

인터넷에는 닉네임을 사용한다. 좋은 의미의 이름도 있지만 혐오스러운 이름을 쓰는 사람도 있다. 날강도, 악마, 멍청이도 있다. 나를 따르는 한 후배가 백수라는 닉네임을 10여 년 쓰길래 마음에 걸렸다.

"왜 그런 이름을 쓰나?"
"저는 직장을 한 번도 다녀보지 못했습니다. 졸업한 지 올해가 10년째입니다."
"죽일 놈 하고 부르면 죽을 일이 생기듯 백수라고 하면 백수에서 벗어나기 힘들다. 백수는 끝내고 모범사원으로 쓰면 어떻겠나?"

이름을 바꾸자 3개월도 안 돼 좋은 직장 홍보팀으로 출근하게 되었다. 10년 백수 생활을 마감하고 첫 직장에서 사보를 만들게 되었다며 내게 원고 청탁을 했다. 이름값을 하게 되었다는 감사의 표시였다.


제5장  99에 만족 말라 100이 되어야 끓어넘친다

# 하는 일마다 운이 따르는
# 사람 되는 법 50가지

* * *

운이 따르는 사람은 하는 일마다 대박이지만 운이 외면하는 사람은 하는 일마다 쪽박을 찬다. 돈 벌려고 하지 말고 운을 버는 데 힘을 써라. 하늘이 사랑하는 사람에게 천운이 함께한다.

**01.** '오늘은 좋은 일이 일어납니다'를 외쳐라. 좋은 아침이 좋은 운을 만든다.

**02.** 아침에 떠오르는 태양의 기를 힘껏 마셔라. 불운은 도망가고 행운이 달려온다.

**03.** 아침 첫 대화는 운 좋은 사람과 하라. 그의 운이 나에게 전달된다.

**04.** 하루에 한 가지씩 좋은 일을 행하라. 하늘에서 특별관리한다.

**05.** 부모에게 효도하라. 부모는 어느 세상에 계시건 최고의 수호신이다.

**06.** 작은 기쁨도 크게 느껴라. 느낌의 크기만큼 열매 맺는다.

**07.** 근면의 달인이 되라. 부지런함이 절반의 성공을 만들어준다.

**08.** 불평분자는 어둠의 자식이다. 가까이 하면 화가 닥친다.

**09.** 넘어짐을 두려워 말라. 유도를 시작하면 낙법부터 가르친다.

**10.** 본전 생각하지 말라. 자신은 또 하나의 우주다.

**11.** 끊임없이 개선하라. 닦고 조이고 기름 치면 새로운 모델이 된다.

**12.** 인생은 도전이다. 성취할 때까지 도전을 멈추지 말라.

**13.** 자신의 그릇을 키워라. 운도 그릇 크기만큼 담을 수 있다.

**14.** 불로소득을 좋아하지 말라. 뿌리 없는 나무는 시들게 마련이다.

**15.** 명상을 생활화하라. 우주 에너지가 충만해진다.

**16.** 마음속 미움을 소각시켜라. 1g의 증오심이 1,000t의 핵폭탄보다 무섭다.

**17.** 챙기다 망한 사람은 있어도 베풀다 망한 사람은 없다. 선행에 앞장서라.

**18.** 안 될 이유를 찾지 말고 될 이유를 찾아내라. 방법은 하늘의 별만큼 많다.

**19.** 덕담의 달인이 되라. 33배로 증폭된 운이 내 몫으로 돌아온다.

**20.** 앞에서 못 하는 말은 뒤에서도 하지 말라. 뒷담화는 하늘이 심판한다.

**21.** 장난으로라도 남을 비난 말라. 모두가 신의 자식이다.

**22.** 어떤 일이 있어도 기죽지 말라. 기가 죽으면 운도 죽는다.

**23.** 교만 거만 자만은 파멸의 지름길이다. 겸손의 달인이 되라.

**24.** 밝고 힘찬 노래를 불러라. 밝은 에너지가 운을 끌어당긴다.

**25.** 끊임없이 감사하라. 감사하면 감사할 일이 생겨난다.

**26.** 말을 적게 하고 많이 들어라. 입보다 귀로 먹는 것이 영양이 크다.

**27.** 정리정돈을 잘하라. 운은 환경에 따라 수시로 변한다.

**28.** 불조심보다 말조심을 먼저 하라. 흥망성쇠는 내가 사용한 말이 결정
한다.

**29.** 기쁨이 없으면 들어온 떡도 못 먹는다. 기쁨으로 호흡하라.

**30.** 사람을 좋아하라. 운은 사람을 통해 출입한다.

**31.** 어두운 생각이 어둠을 만든다. 마음에 한 자루 촛불을 켜라.

**32.** 좋은 글은 10번 100번 읽어라. 엄청난 에너지로 증폭된다.

**33.** 남에게 기쁨을 안겨줘라. 복리로 돌아온다.

**34.** 자신을 성전처럼 관리하라. 정결한 심신에 축복이 깃든다.

**35.** 인연 따라 운명이 만들어진다. 인연을 소중히 하라.

**36.** 욕먹어도 화내지 말라. 그가 한 욕은 그에게로 돌아간다.

**37.** 먹는 물과 밥을 축복하라. 그것이 내 몸에 기적을 일으킨다.

**38.** 사람이 몰리는 업소를 이용하라. 그 자리는 운이 가득한 자리다.

**39.** 눈앞의 문제로 콩 튀듯 팥 튀듯 하지 말라. 최후까지 웃는 자가 주인공
이다.

**40.** 모든 일에는 뜻이 있다. 눈앞의 것에 일희일비 하지 말라.

**41.** 말에도 씨가 있어 '말씨' 다. 온화하게 말하면 저절로 끌려온다.

**42.** 자신을 믿어라. 내가 나를 믿지 못하면 하늘도 나를 외면한다.

**43.** 모든 일에 정성을 다하라. 정성이 지극하면 하늘도 감동한다.

**44.** 멘토를 가져라. 멘토는 미래를 만들어주는 개인교사다.

**45.** 돈을 값지게 써라. 그것이 운을 끌어들인다.

**46.** 말을 기도처럼 하라. 콩나물을 키워 본 사람은 알 것이다.

**47.** 이뤄진 것을 영상으로 그려라. 기적 같은 일들이 나타난다.

**48.** 밥 잘 먹고 잠 잘 자라. 에너지가 충만해야 운도 자라난다.

**49.** 애국가를 불러라. 나라 사랑이 최고의 사랑이다.

**50.** 웃음교 교인이 되라. 활짝 웃음은 운을 끌어당기는 견인차다.

# 남다른 생각과 행동이 운을 부른다

이영석이라는 이름 석 자는 생소해도 '총각네 야채가게' 라는 말은 한번쯤 들어본 적이 있을 것이다. 이영석 씨는 농산물 유통업체 '자연의 모든 것' 의 대표이다. 그는 현재 서울에만 농산물 전문 매장인 '총각네 야채가게' 50개를 운영하고 있다. 행상으로 시작해 오징어, 바나나, 야채를 트럭에 싣고 다니다 매장을 열었다. 파격적인 아이디어와 신선한 운영방식을 도입한 것이 성공 요인이었다.

1992년 여름날 어느 저녁, 그는 한강 뚝섬 둔치에 홀로 앉아 있었다. '회사에 다녀오겠다' 며 출근하는 양 집을 나왔지만 막상 갈 데가 없었다. 대학에서 레크리에이션을 전공하고 이벤트 회사에 취업했지만 6개월을 견디지 못하고 회사를 뛰쳐나왔다. 학연(學緣)과 지연(地緣)이 없는 탓인지 회사에서 그를 인정해 주지 않는 것 같았다.

멍하니 강변에 앉아 있던 그때, 멀리서 오징어를 파는 트럭 한 대가 보였다. 서른 정도 돼 보이는 한 남자가 마른오징어를 팔고 있었다. 그는 장사할 생각이 없어 보였다. 손님이 다가와 "얼마예요?"라고 물으면 그제야 성의 없는 목소리로 3마리에 1,000원이라고 대답했다.

그 장면을 보며 그는 '내가 저 일을 하면 잘할 수 있겠다'는 생각이 들었다. 그는 용기를 내서 트럭으로 다가갔다. "제가 오징어를 팔 수 있게 해주세요. 제가 앞으로 크게 될 사람인데 용기가 없어서요. 용기를 낼 수 있게 오징어 2만 원어치만 주시면 제가 한번 팔아보겠습니다."

오징어 여섯 축을 건네받은 그는 한강변을 돌며 오징어를 팔았다. "쫄깃쫄깃 잘 구워진 오징어가 3마리에 1,000원이요, 옆집 뚱순이가 먹고 반한 오징어가 3마리에 1,000원이요."

이렇게 외치며 돌아다녔다. 한 무리에서 마음씨가 가장 착해 보이는 사람이나 곳곳에 손잡고 앉아 있는 연인들을 타깃으로 했다. 오징어는 1시간도 안 돼 다 팔았다. 트럭으로 돌아와 오징어 4만 원어치를 더 받았다. 그 역시 한 시간 만에 다 팔았다.

오징어 장수야말로 자신의 천직인 것 같았다. 그렇게 생각한 그는 그날 저녁 한강에서 만난 오징어장수에게 스승으로 모실 테니 부디 제자로 받아달라고 졸랐다. 밤늦도록 트럭에 붙어 매달리자 오징어장수는 "내일 새벽에 물건 떼러 가야 하니 오전 3시까지 중구의 중부시장으로 나오라."며 마지못해 허락했다.

 그때부터 그의 오징어 장사가 시작됐다.

'스승'은 새벽 3시까지 시장에 나오라고 했지만, 그는 자정에 미리 도착해 거래처를 돌아다니며 어느 매장이 저렴한 가격에 괜찮은 물건을 가져다 놓았는지 알아보았다. 그리고 스승이 도착하자 즉시 보고했다. 스승은 6개월이 지나자 그의 실력과 성실성을 인정해 선뜻 돈 가방을 맡겼다.

그날부터 그의 하루는 늘 자정에 시작됐다. 물건을 떼고 트럭에 싣고 난 뒤 오전에 잠시 눈을 붙였다가 점심부터 장사를 시작했다. 낮에는 은행 앞으로 향했다. 점심때 잡무를 보러 들른 직장인들이 은행에서 돈을 찾아 나오면서 바로 오징어를 사 먹을 것이라는 생각에서다. 오후에는 시장 입구로 나갔다. 장 보러 오는 주부들을 상대로 오징어를 팔았다. 월요일은 성수시장, 화요일은 자양시장 등등 시장도 매일 달리했다. 저녁에는 어김없이 지하철역 앞을 지켰다. 퇴근길 직장인들을 노린 것이


운을 부르는 말과 행동 50

다. 평일에는 도심을, 주말에는 유원지로 향했다.

　매출은 10배가 올랐다. 스승이 혼자 판매할 땐 하루 20만~30만 원어치를 팔았는데, 그가 합류한 이후엔 하루 매출이 200만 원이 넘었다. 이렇게 1년 반을 따라다닌 뒤에야, 종잣돈 300만 원으로 창업을 했다. 250만 원으로 중고 트럭을 한 대 사고, 나머지 50만 원은 전부 오징어를 샀다.

　스승은 주로 강북 지역에서 장사하고 그는 강남 지역을 누볐다. 낮에는 지하철역 인근과 시장 입구로 향했다. 밤에는 강남의 술집·유흥가 인근을 다녔다. 처음엔 말없이 질 좋은 국내산 쥐포를 몇 장씩 돌렸다. 오징어를 팔아달란 말은 일절 하지 않았다. 하루이틀 쥐포를 가져다주니 술집 사장들이 "당신은 뭐하는 사람인데 쥐포를 가져다주느냐?"고 물었다. 그제야 그는 자신이 오징어를 팔고 있다고 대답했다. 사실대로 말하니 선뜻 오징어를 사줬다.

　오징어를 판매하면서 쌓은 노하우로 1년 뒤엔 바나나를 팔기 시작했다. 오징어를 팔던 때와 달라진 건 별로 없었다. 새벽같이 서울 가락시장에 가서 바나나를 가져오는데 번쩍하고 아이디어가 떠올랐다. 서울 황학동 시장에서 조련된 원숭이를 300만 원에 사서 원숭이와 바나나를


제5장  99에 만족 말라 100이 되어야 끓어넘친다

실은 트럭을 몰고 여러 초등학교 인근을 돌았다. 원숭이가 바나나를 먹으며 재롱을 부리는 모습에 어린이들이 몰려들었고, 결국 엄마들은 지갑을 열 수밖에 없었는데 오징어를 팔며 벌었던 것보다 매출이 2~3배 많았다.

바나나 장사를 시작한 지 1~2년 뒤인 1998년, 그는 서울 강남의 은마아파트 후문에 첫 야채가게를 냈고 그후 점점 사업을 키워갔다. 대형 농수산물 유통업체를 운영하는 지금도 그는 새벽 3시에 눈을 뜨고 하루를 시작한다. 20여 년 동안 매일 반복해 온 일이지만 여전히 새벽에 눈을 뜨는 일이 말처럼 쉬운 것이 아니다. 치열한 노력과 열정 없이 성공하기는 어렵다. 그는 자신의 사업 경험담을 〈총각네 야채가게〉라는 책으로 엮어내 베스트셀러 작가의 반열에 오르기도 했다.

같은 값이면 다홍치마라는 속담도 있다. 남다른 생각과 행동이 운을 부르는 것이다.



운을 부르는 말과 행동 50

# 청년창업가를 위한 조언 50가지

*＊＊＊*

록펠러, 빌 게이츠, 마크 저커버그, 스티브 잡스 등은 자신의 아이디어를 세상에 실현시켜 억만장자가 된 공통점이 있다. 이들의 영향력은 계속 이어지고 있으며, 세상은 계속 변해가고 있다. 이들이 자신의 사업을 성공시켜 큰 부를 이룬 비결은 무엇일까?

온라인 경제 미디어 INC닷컴은 칼럼니스트 앤드류 헨드릭스의 '사업을 성공시키기 위해 억만장자에게 배워야 할 8가지'를 게재했는데, 이것을 50가지로 만들어보았다. 이 방식을 내것으로 만들어보자. 꿈과 술병은 클수록 좋다고 했다.

**01.** 일만 생각하면 절대로 성공 못 한다. 그 속에서 즐거움을 찾아내라.

**02.** 건강을 돌보라. 돈은 벌면 되지만 건강을 잃으면 성공도 끝난다.

**03.** 롱런하려면 삶의 균형을 잡아라. 음식도 균형식이 중요한 것처럼!

**04.** 자신에게 과감히 투자하라. 앞서지 못하면 뒤떨어진다.

**05.** 가정은 살아 있는 천국이다. 천국생활을 최대로 유지하라.

**06.** 가정이 흔들리면 희망도 흔들린다. 타이거 우즈를 보라.

**07.** 회사도 가정이다. 신나는 기업을 만들어라.

**08.** 조직은 합창단이다. 적재적소에 배치하라.

**09.** 아이디어를 먼저 시도하라. 개똥참외도 먼저 맡은 사람이 임자다.

**10.** 한 발자국 차이가 하늘과 땅 차이다. 한 발자국만 앞서라.

**11.** 사람을 행복하게 하라. 행복하면 돈은 저절로 따라온다.

**12.** 자신과 소비자가 즐거워하는 일을 하라. 막대한 재산으로 변한다.

**13.** 하는 일에 결함과 문제가 없을 리 없다. 완벽 대신 성공을 추구하라.

**14.** 완벽을 믿는 순간 앞으로 나아갈 수 없다. 부족함을 느껴라.

**15.** 마크 저커버그는 "세상에서 가장 위험한 일은 위험을 감수하지 않으려는 것"이라고 했다.

**16.** 지금은 엄청난 속도로 변하는 시대다. 속도에 앞서 변화하라.

**17.** 리스크를 두려워 말라. 리스크는 병가의 상사다.

**18.** 위험을 감수하지 않는 억만장자는 있을 수 없다. 맥가이버가 되라.

**19.** 외부의 장애는 장애도 아니다. 진짜 장애물은 나 자신이다.

**20.** 의식을 바꿔라. 스스로 불가능하다는 생각이 불가능을 만든다.

**21.** 하워드 슐츠는 "위대한 기업을 세우려면 위대한 꿈을 가질 용기가 필요하다."고 했다.

**22.** 작은 꿈은 작은 것을 이루는 데는 성공한다. 많은 사람이 그것에 만족한다.

**23.** 광범위한 영향력과 가치를 얻으려면 담대해져라. 간 큰 사람이 성공한다.


운을 부르는 말과 행동 50

**24.** 대부분 억만장자를 '불가능'으로 본다. 그 생각이 불가능을 몰고 온다.

**25.** 평범한 상식과는 크게 다르다. 억만장자가 말하는 '돈의 법칙'을 다르게 관찰하라.

**26.** 즐기고 또 즐겨라. 즐거움이 없는 삶은 삶이 아니라 지옥이다.

**27.** 즐기는 사람을 이기는 자를 보지 못했다. 성공한 사업가들이 입을 모은다.

**28.** 일이 즐거우면 인생이 천국이 된다. 나는 어느 나라에 살고 있나?

**29.** 박인비, 김연아, 손연재를 보라. 이들을 상상만 해도 즐겁다.

**30.** 일을 게임으로 생각하라. 그리고 신나는 한판 승부를 벌여라.

**31.** 〈좋아졌네 좋아졌어〉를 애창하라. 이 노래가 국운까지 바꿔놓았다.

**32.** 워렌 버핏은 "좋아하는 일을 택하라. 그러면 성공은 자연히 따라온다."고 했다. 이 말을 명심하라.

**33.** 지겨워하며 일하려면 하지 않는 것이 낫다. 나와 조직 모두 피해자가 된다.

**34.** 싫은 일은 망하는 지름길이다. 수천억도 순식간에 까먹는다.

**35.** 장사꾼이 아닌 사업가가 되라. 생각이 변하면 운명도 변한다.

**36.** 록펠러는 "정말로 성공하려면 남이 시도하지 않은 새로운 길에 도전하라."고 했다.

**37.** 남의 뒤만 따라다니지 말라. 고작 2등이다.

**38.** 진정한 사업가는 새로운 일을 현실로 만든다. 새신랑이 되라.

**39.** 새로운 분야에 대한 도전은 불안을 야기한다. 그러나 그 길을 선택하라.

**40.** 안정적으로 얻는 '돈'은 거액이 될 수 없다. 모험가가 되라.

**41.** 정시 출퇴근하면 억대 연봉을 넘지 못한다. 시간창조의 주인공이 되라.

**42.** 억만장자들 중에서 누군가에게 '월급'을 받는 사람은 없다. 자신의 주인이 되라.

**43.** 돈 벌려고 지름길을 찾지 말라. 설마 설마 하다 쪽박 찬다.

**44.** 폴 게티는 "일찍 일어나 열심히 일해라. 성공을 위한 법칙은 이것뿐이다."라고 했다.

**45.** 쉽게 성공하기를 바라지 말라. 성공에는 시간과 인내심이 필요하다.

**46.** 큰 실패도 환영하라. 산이 높으면 골도 깊은 법이다.

**47.** 빌 게이츠는 "성공은 좋다. 그러나 실패에서도 큰 교훈을 얻어야 한다."고 했다.

**48.** 사업을 늘 성공할 수는 없다. 실수와 좌절을 통해 정답을 찾아가라.

**49.** 스티브 잡스는 "과거에 연연해하지 말고 함께 내일을 만들어나가자."고 했다.

**50.** 평범으로는 창업가로 성공할 수 없다. 모범생의 딱지를 떼라.

# 노래가 운명을 만든다

나는 방송작가로 출발했지만 오히려 직접 출연한 프로그램이 훨씬 더 많았다. 독서량이 많다 보니 도움을 줄 수 있는 프로그램이 많아 교양과 예능, 대담, 특별기획 등을 넘나들었다. 세상만사 말대로 이뤄진다는 얘기를 다루다가 머리를 스쳐지나가는 것이 있었다. 말에다 곡조를 붙인 것이 노래이니, 노래가 운명에 어떤 영향을 미치는가였다. 그래서 이를 알아보았는데, 말하는 것과는 비교가 안 될 정도로 큰 영향을 미친다는 것을 찾아냈다.

〈수덕사의 여승〉은 송춘희 씨가 불러 히트한 노래다. 그는 모태신앙으로 아버지는 교회 장로이고 오빠들은 목사다. 그런데 그는 이 노래를 부르고 나서 자기도 모르는 사이에 운명이 변했다. 자기의 법명으로 만



제5장  99에 만족 말라 100이 되어야 끓어넘친다

든 백련장학회를 만들어 가난한 어린이들에게 도움을 주면서 결혼도 하
지 않고 평생 독신으로 여승처럼 살아가고 있다.

　지금은 결혼식을 하면 식장 안에서 식사를 하지만 예전에는 달랐다.
예식장 부근의 식당을 예약해서 식사를 하거나 신부 집으로 이동하여
식사를 제공했다. 어느 날 방송국에서 일하는 S양의 결혼식에 참석했는
데 신부 쪽 손님들은 신부 집으로 이동하여 식사를 했다. 이어서 여흥
시간이 시작되자 제일 먼저 신부 아버지가 마이크를 잡자마자  부른 노
래가 "울려고 내가 왔던가 웃을려고 왔던가~"였다. 갑자기 분위기가
싸늘해졌고 신부는 화를 내면서 자기 방으로 들어갔다. 헌데 이 부부는
백일을 넘기지 못하고 결별하고 말았다. 축하하는 장소에서는 축하노래
를 불러야 한다. 요즘도 결혼식에서 이상한 노래를 부르는 젊은이들이
있다.

　라이온스클럽 회장을 지냈던 B사장은 인품도 좋고 경영능력도 뛰어
나 예비재벌로 경제신문에 종종 등장했다. 어느 날 같이 노래방에 갔는
데, 〈원통해서 못 살겠네〉를 불러 갑자기 먹먹한 느낌이 들었다. 그리고
얼마 후 사기꾼의 꼬임에 빠져 백수가 되어버렸다. 자기가 부르는 노래
와 같은 파장을 끌어들여 그런 일들이 생겨나는 것이다.


운을 부르는 말과 행동 50

또한 가수들 중에 요절한 가수들이 많다. 병사, 사고사, 자살을 한 25명을 대상으로 조사한 결과 21명이 죽음과 관계되는 노래를 불렀다는 것을 찾아냈다. 당사자는 아무 생각 없이 불렀어도 그런 영향을 받은 것이다. 우리나라 가수 자살 1호는 윤심덕이다. 해방 전 〈사의 찬미〉를 취입하고 귀국선 위에서 뛰어내려 많은 사람을 안타깝게 했는데, 이 노래가 애창곡이었던 많은 여성들도 그의 뒤를 따라갔다. 같은 파장이 공유되었기 때문이다.

 평생 힘들게 사는 친구에게 〈좋아졌네 좋아졌어〉의 악보를 주면서 아무 생각하지 말고 100일 만 이 노래를 부르라고 하자 반신반의하며 돌아갔다. 그 친구는 어차피 돈이 들어가는 것이 아니니까 밥먹듯이 술 마시듯이 노래를 불렀고, 차츰 마음이 안정되고 희망이 생겨났다. 그리고 100일도 되기 전에 가정문제는 말할 것도 없고 직장까지 생겼다고 연락이 왔다. 실업자가 된 지 5년, 별거한 지 3년 만에 기적이 일어난 것이다.

나의 사무실에 오면 다같이 부르는 노래가 있다. 베토벤 교향곡 9번 〈환희의 송가〉인데, 찬송가에는 '기뻐하며 경배하세'로 나와 있다. 곡과 가사가 마음에 들어 부르기 시작했는데, 스님이 와도 이 노래를 함께 부른다. 종교행사가 아니라 기쁨 잔치이기 때문이다. 어느

날 기 전문가가 오더니 깜짝 놀란다.

"이렇게 강한 에너지가 있는 곳은 처음 봅니다. 여기 다녀가면 기적이 나타나는 것은 당연합니다."

사무실에서 너나없이 100% 긍정의 말, 감사와 기쁨의 말을 하고 〈환희의 송가〉까지 부르는데 좋은 기가 몰려들지 않을 리가 없다.


운을 부르는 말과 행동 50

# 생명언어로 삶을 번영시키는 법 50가지

*** * ***

말에는 생명이 깃들어 있다. 기쁨, 사랑, 감사의 말은 살아 있는 생명언어이며 비난, 원망, 불평의 말은 사망언어다. 러시아에서는 욕설금지법을 국회에서 통과시켰다. 사망언어가 얼마나 무서운가를 알기 때문이다. 생명언어로 번영하는 나날을 만들자.

**01.** 말은 파동이다. 내가 하는 말의 파동이 우주를 움직인다.

**02.** 생명언어로 천지가 만들어졌다. 그것이 천지창조의 출발이다.

**03.** '오늘은 좋은 일이 일어납니다' 를 외쳐라. 좋은 일들이 줄이어 일어난다.

**04.** 즐거운 목소리로 말하라. 좋은 마음 밭에서 풍요의 꽃이 피어난다.

**05.** 희망과 사랑의 말만 하라. 콩 심은 데 콩이 난다.

**06.** 투덜대지 말라. 생명언어가 사망언어로 시들어버린다.

**07.** 같은 말도 1만 번 반복하면 그대로 이뤄진다. 이것이 콩나물 시루 원리다.

**08.** 믿음으로 말하라. 절대자의 가치체계로 삶의 방향이 펼쳐진다.

**09.** 생명언어는 심안(心眼)과 영안(靈眼)을 밝혀준다. 가슴을 활짝 열어라.

**10.** 생명언어에는 향기가 있다. 말의 향기가 천 리를 간다.

**11.** 뒷담화와 이간질, 거짓말은 사망언어다. 불운의 늪에 빠지게 된다.

**12.** 남을 높이면 나도 높아진다. 자기를 높이는 것은 바보 짓이다.

**13.** 내가 하는 말은 나의 품격이다. 자신의 격을 높여라.

**14.** 고통과 좌절은 사망언어와 관계가 있다. 배경을 돌아보라.

**15.** 모든 말을 '노' 대신 '예스'로 말하라. 인생역전도 시간문제다.

**16.** 아픔에도 감사하라. 더 큰 축복의 전 단계다.

**17.** 한마디 말에 10만 개의 세포가 살고 죽는다. 선택에 주의하라.

**18.** 사망언어 사용자와는 가까이 말라. 나도 모르는 사이에 오염된다.

**19.** 말은 현실의 청사진이다. 생명언어만이 지상천국을 만든다.

**20.** 임종 직전 생명언어로 소생하는 사람도 많다. 환자 앞에서 말조심하라.

**21.** 생명언어를 사용하는 사람은 존경받는다. 주위를 살펴보라.

**22.** 생명수와 생명언어로 환자를 돌보는 병원이 있다. 약 없이 암도 고친다.

**23.** 생명언어는 무에서 유를 창조한다. 역경 속에 인생 역전이 가능하다.

**24.** 모든 좌절은 사망언어가 만든다. 첫 단추를 잘 잠가라.

**25.** 칭찬과 격려는 최상급 생명언어다. 적극 활용하라.

**26.** 힘들다고 죽는 것이 아니다. "죽겠다"는 말이 죽게 만든다.

**27.** 저절로 생기는 고통은 없다. 부르기 때문에 생겨난다.

**28.** 밤이라고 어두운 것이 아니다. 빛이 없으면 대낮도 밤이다.

**29.** 생명언어의 멘토와 함께하라. 생명의 빛으로 찬란하게 변한다.


운을 부르는 말과 행동 50

**30.** 희망과 영광만을 마음에 그려라. 모든 것은 상상대로 연출된다.

**31.** 누구에게나 감동을 안겨줘라. 감동을 주는 말이 초특급 언어다.

**32.** 말 한마디가 천 냥 빚을 갚는다. 생명언어는 돈보다 값지다.

**33.** 짜증나도 '짜증나' 소리를 하지 말라. 차라리 '짜장면' 하고 말하라.

**34.** 감사하며 약을 먹어라. 효과가 33배 늘어난다.

**35.** 거짓말은 사망언어다. 사기꾼들의 말로를 살펴보라.

**37.** 기도하고 말하고 말한 다음 기도하라. 생명언어로 우주 질서를 창조한다.

**38.** 넘치는 기쁨으로 100일간 반복하라. 운명이 변하고 역사가 변한다.

**39.** 생명언어 모임을 만들어라. 12명이 넘으면 희망의 용광로가 된다.

**40.** 말의 파장이 우주를 움직인다. 정성껏 말하라.

**41.** 반찬만 골라 먹지 말라. 말도 골라서 하라.

**42.** 자신의 참모습을 발견하라. 창조주와 같은 모습이다.

**43.** 누가 욕해도 웃어넘겨라. 그가 한 욕은 그에게 돌아간다.

**44.** 표정언어를 활용하라. 표정 한 번에 10만 개의 세포가 죽고 산다.

**45.** 사용하는 말로 천사도 되고 마귀도 된다. 스스로 선택하라.

**46.** 흥망성쇠는 말씨와 말투에 달려 있다. 분류하여 사용하라.

**47.** 거울을 보며 "나는 멋져"를 외쳐라. 어느새 수퍼스타로 탈바꿈한다.

**48.** 옷만 세탁하지 말라. 내가 쓰는 말도 세탁하라.

**49.** 감사 감동 감격의 말만 사용하라. 그 자리에 낙원이 건설된다.

**50.** 생명은 생명을 낳고 사망은 사망을 낳는다. 출생신고를 제대로 하라.


제5장  99에 만족 말라 100이 되어야 끓어넘친다

# 실패할 사람, 꼭 성공할 사람

실패할 사람은 실패할지도 모른다는 두려움 때문에 돌다리만 두드린다. 그러나 성공할 사람은 자신의 생각을 행동으로 즉각 옮긴다. 만일 행동이 잘못되었다고 해도 궤도를 수정할 수 있기 때문이다. 금고 속에 금송아지 100마리가 있다고 해도 활용하지 못하면 있으나마나 한 것이다. 생각만 많은 사람인지, 무엇인가를 보여주는 사람인지 스스로 판단해 보는 것도 중요하다.

마라톤을 하는 사람들은 두 가지 유형으로 나뉜다. 자기 능력에 맞게 꾸준한 수준을 유지하는 사람이 있는가 하면 성급한 마음으로 사력을 다해 뛰다가 결승선을 앞두고 지쳐 쓰러지거나 기권하는 사람들도 있다. 성공할 사람은 자기에 맞게 힘과 시간과 정력을 안배해서 자신의 기


운을 부르는 말과 행동 50

록을 단축시키지만 실패할 사람은 너무 욕심을 내다가 자신의 능력을 발휘하지 못하고 지쳐 쓰러지는 것이다.

성공할 사람은 실패를 통해서도 무엇인가 배운다. 실패는 성공의 전 단계임을 아는 것이다. 그러나 실패자는 실수하지 않으려고 발버둥치다가 아무것도 하지 못하고 인생을 끝낸다.

성공할 사람은 작은 일에도 열과 성을 다한다. 그러나 실패할 사람은 일이 지겨워 맡겨진 일도 마지못해 하기 때문에 제대로 마무리하지 못한다. 신나게 일하는 사람에게 세상은 장밋빛이지만, 한숨을 쉬며 의무감으로 일하는 사람에게는 잿빛이 된다.

실패할 사람은 자기편도 원수로 만든다. 사람은 모래알처럼 많이 있다고 생각하기 때문에 자신의 오른팔, 왼팔을 사정없이 잘라버리는 것이다. 그러나 성공할 사람은 원수라 해도 사랑과 정성으로 대해 자기편으로 만든다. 이 세상에 진정으로 나쁜 사람은 없다. 내 입맛에 맞지 않을 뿐이다.

실패할 사람은 잘나갈 때는 자기 기분에 도취되어 희희낙락하다가 잘못되면 자라목이 되어버린다. 그러나 성공할 사람은 침착하게 행동하고 주변의 분위기에 더 신경 쓴다.

　실패할 사람은 약자에게 강하고 강자에게 약하다. 약자는 자기에게 도움이 되지 않으니, 강자 쪽에 줄을 서야 '국물'이 있다고 생각하는 것이다. 그러나 성공할 사람은 모든 사람에게 겸손하며 존경심을 보인다. 영원한 약자도 없고 영원한 강자도 없는 것이다.

　실패할 사람은 전진해야 할 때 후퇴하고, 후퇴해야 할 때 전진한다. 그러나 성공할 사람은 때를 정확히 알고 속전속결 행동한다.

　실패할 사람은 자리 지키는 데 열중하다 보니 제대로 일을 할 수 없다. 이 자리를 잃으면 인생이 끝난다고 생각한다. 그러나 성공할 사람은 자리에 연연해하지 않는다. 그래서 과실이 있더라도 새로운 것을 창조하려고 노력하여 큰 성공을 이루는 것이다.

　실패할 사람은 두려워서 방어 태세로 일관하지만, 성공할 사람은 두려움을 무릅쓰고 공격 자세를 취한다.

　성공할 사람은 타협해야 할 것과 싸울 것을 분명히 알고 행동한다. 그러나 실패할 사람은 타협해야 할 것과 싸우며, 싸워야 할 것과 타협한다.


운을 부르는 말과 행동 50

성공할 사람은 심은 대로 거둔다는 사실을 알고 씨 뿌리고 가꾸는 데 열중한다. 그러나 실패할 사람은 심지도 않고 거두려는 심보를 가지고 있다.

성공할 사람은 어깨를 펴고 일을 향해 보무당당하게 걸어간다. 그러나 실패할 사람은 뒤돌아보고, 옆을 보고, 한눈 파느라 앞으로 나아가지 못한다.

성공할 사람은 자기를 사랑하는 것만큼 남도 사랑한다. 그러나 실패할 사람은 자신을 저주하고 남을 저주하고 자신에게 주어진 일까지 원망한다.

성공할 사람은 내실에 힘쓰고 실패할 사람은 겉치장에 힘쓴다.

욕을 먹었다고 해서 죽고 사는 게 아니다. 성공할 사람은 누가 욕을 했다고 해도 허허 웃어버리지만, 실패할 사람은 두고두고 범인을 색출하려고 한다.

성공할 사람은 일과 시간을 쫓아가며 만든다. 그러나 실패할 사람은 일에 쫓기고 시간에 쫓기는 도망자가 된다. 유능한 전략가는 앉아 있어도 멀리 내다보고 작전을 짠다. 그러나 실패할 사람은 눈앞에 있는 것만 보고 그것이 전부라고 착각한다.


운을 부르는 말과 행동 50

# 남자의 인명은 '재처' 다

　　남자가 성공하느냐 아니냐는 남자 혼자만으로 판단하기는 힘든 일이다. 어떤 아내의 남편이냐에 따라 남자의 운명이 결정되어 '인명은 재천' 이란 말이 '인명은 재처' 로 바뀐 지 오래다. 미국의 골프선수 타이거 우즈(Tiger Woods)는 100년에 한 번 나올까 말까 한 신화적인 선수다. 그런 위대한 선수가 바람을 피웠다. 아내의 저주가 쏟아진 다음부터는 지금까지 자기 실력을 거의 발휘하지 못하고 있다.

　　연예인들의 이혼은 일반인에 비해 10배가 넘는다. 그런데 여자들은 이혼 후에도 승승장구하는 데 비해 대부분의 남자들은 개밥의 도토리가 된다. '여자가 한을 품으면 오뉴월에 서리가 내린다' 는 속담을 보면 옛 어른들의 지혜가 얼마나 뛰어난가를 쉽게 알 수 있다.



제5장  99에 만족 말라 100이 되어야 끓어넘친다

〈강남스타일〉에 말춤을 곁들여 일약 월드스타가 된 싸이는 군대도 두 번이나 다녀오는 등 오랜 어려움을 겪었다. 싸이의 아내는 싫은 내색을 하지 않고 언제나 밝은 표정으로 9첩 반상을 차려 내놓았다. 남편을 대우했기 때문에 대우받을 만한 위치로 올라간 것이다. 만일 돈 못 번다고 불평하며 빵 조각이나 라면 한 그릇 삶아 아무렇게나 먹게 했더라면 오늘의 싸이란 존재는 탄생할 수 없었으리라.

미국에 사는 한국인 부부가 있는데 남자는 야구선수로 재능은 있지만 팔꿈치 수술을 받은 후 예후가 좋지 않았다. 구단에서 주는 100만 원으로는 월세를 살기도 힘들어 남편은 아내에게 말했다.

"우리 한국으로 돌아가자, 너무 힘들어."
"꿈을 이루려고 여기 온 거잖아?"

몇 년 후 남편이 꿈을 이룰 것이라는 아내의 확신이 현실로 나타났다. 그 주인공은 미국 메이저리그 텍사스 레인저스에서 뛰는 추신수 선수다. 추신수 선수의 최근 7년 동안 연봉이 1,370억 원으로, 주급으로 따지면 3억 원이 넘는다. 남편이 잘해서 대우받는 것이 아니라 대우받으니까 성공한 것이다.

　방 한 칸에 세 들어 살 때도 아내는 남편이 깨지 않고 잘 수 있게 2시간마다 젖 달라고 우는 아기를 안고 컴컴한 아파트 복도로 나가 젖을 물렸다. 여기서 끝나면 허전하다. 남편을 위해 스포츠 마사지사 자격증을 취득하고 만삭일 때도 힘든 몸을 이끌고 마사지를 해주었다.

　마음 바탕에 깔려 있는 아내의 믿음과 사랑의 에너지가 추신수 선수의 내부에 잠자고 있던 진짜 능력을 보여줄 수 있게 만든 것이다. 좋은 코치나 운동 시설이 최고의 선수를 만드는 것이 아니라 절대 사랑 절대 믿음이 기적을 만든 것이다.

　유학까지 다녀온 능력 있는 남편이 자신의 꿈을 말하면 "꼴값떠네 당신 주제에?" 하며 비아냥거린 여자가 있었다. 남편을 우습게 여겨 그런 것이 아니라 어머니가 아버지에게 하는 말을 자기도 모르게 따라 한 것이다. 한번은 강좌 시간에 남편에게 그런 말을 하는 주부도 있다고 했더니 그녀는 자기를 두고 하는 말인지도 모르고 그런 나쁜 여자는 몽둥이로 길들여야 한다고 소리를 높였다. 그 말을 자기가 했다는 사실조차 전혀 모르는 것이다. 이 여자의 남편은 하는 일마다 실패하다 지금은 영업 택시를 한다. 여자 입장에서 보면 자기 예언이 맞았다고 생각할지도 모른다. 그러나 그렇게 말하기 때문에 그렇게 되어버린 것이다.

 운명의 수레바퀴는 습관 대로 굴러가기 때문에 크게 되고 싶은 남자는 여자를 고를 때 얼굴 보고 할 것이 아니라 말버릇 보고 결정해도 늦지 않다.



운을 부르는 말과 행동 50

# 운을 부르는 실내 만들기 100

## 좋은 운을 만드는 실내 만들기

성형외과 의사 중에 관상가 뺨칠 정도의 실력자가 있다. 세계 각국의 관상 서적을 500여 권을 읽고 소화시켜 방송에도 종종 출연하는데, 관상 전문가들도 그 앞에서는 벌벌 떨 정도다. 어느 날 성형수술을 받겠다고 온 환자에게 "성형이 급한 것이 아니라 위에 문제가 생겼으니 빨리 큰 병원에 가라."고 했다. 이렇게 위암환자를 살려내자 동료의사들은 이때부터 그를 만나면 "도사님"이라고 부르고 있다. 성형수술도 무조건 예쁘게만 하지 않고 그 사람의 관상에 맞게 해준다. 예뻐도 박복하고 불운한 상이 있기 때문이다. 연예인 중에 성형을 하고 나서 불행해진 사람도 상당수 있다.

시람에게 관상(觀相)이 있다면 집에는 가상(家相)이 있다. 터, 건물 형태, 내부구조는 물론이고 가구나 소품의 위치와 형태에 따라 영향을 받는다. 어떤 사람은 빚까지 얻어 이사를 했는데, 그날부터 하루가 멀다 하고 도둑이 들어 가슴 치는 사람도 있다. 또한 멀쩡한 가족들이 여기저기 없던 병이 생기는 바람에 월급을 다 털어넣어도 안 되는 집도 있다. 반면에 큰집에 살다가 사기를 당하고 셋방으로 이사했는데 이사하자 로또 복권에 당첨되고 집안에 경사가 계속 생기는 집도 있다. 가상에 대한 신비를 느끼지 않을 수가 없다.

BooBoo부동산 이태헌·김성희 부부는 기업에 다니다가 그만두고 음식점 사업에 성공했지만, 가상(家相)에 심취하여 부동산 중개로 직업을 바꾼 가상 전문가들이다. 빌딩과 아파트 등을 임대나 매매할 때 많은 분들이 이 부부의 자문을 구한다. 이 부부의 도움으로 간단히 운을 얻는 집을 만드는 방법을 배워 독자들에게 도움이 되도록 쉽게 재구성했다.

01. 아침 저녁 문을 열어 환기(換氣)시켜라. 묵은 기가 빠져나가야 새로운 기가 들어
　　온다.

02. 사무실도 하루 3번은 환기하라. 그래야 새로운 변화를 얻을 수 있다.

03. 기(氣)는 생명 에너지다. 보기 좋은 떡이 먹기도 좋고 기분 좋은 집이 운도 좋다.

04. 현관 정면에서 마주 보이는 거울은 들어오는 행운을 반사한다. 치워버려라.

05. 현관 문과 마주하는 벽과 칸막이는 제거하라. 앞이 막히면 운세도 막힌다.

06. 동남향에 붉은 소품을 둬라. 붉은 색은 재물운을 상승시켜 중국인들이 선호한다.

07. 거실에 향기 좋은 꽃을 둬라. 안다빈 화백은 기를 넣어 그리는 꽃그림 전문가다.

08. 현관은 기가 들어 있는 그림이나 장식품으로 꾸며라. 좋은 기를 끌어들인다.

09. 드라이플라워가 있는 집도 있다. 그것은 꽃의 시체니 치워야 한다.

10. 값비싼 동물 박제가 장식된 집은 불길하다. 시체 가지고 장난치지 말라.

11. 물건을 들여올 때 성별을 하라. 잡신이 붙어오면 난처한 일이 생긴다.

12. 집수리나 도배하는 사람을 기분 좋게 대하라. 정성이 들어가야 복이 깃든다.

13. 부부 싸움은 좋은 기운을 파괴시켜 흉가를 만든다. 밖에 나가 싸워라.

14. 기쁨의 노래 100일 만 합창하라. 집안에 좋은 기운이 가득 찬다.

15. 골동품들은 특별히 주의하라. 잡귀가 붙어오기 쉬운 물건이다.

16. 섬칫한 느낌의 그림은 피하라. 좋지 않은 기가 서려 있다.

17. 〈웃는 예수〉 그림을 걸고 인생역전하라. 정성 에너지가 기적을 만든다.

18. 좋은 기가 나오는 서화는 값의 고하에 관계없이 소장하라. 복을 불러온다.

19. 어린 자녀 그림은 좋은 기운이 나온다. 하나 정도는 걸어둬라.


부록. 운을 부르는 실내만들기100

20. 근엄한 가족사진은 떼어버려라. 웃으며 찍은 사진은 활기가 생긴다.

21. 시중에서 산 십자가나 불상은 잡신이 붙기 쉽다. 신부, 스님, 퇴마사의 힘을 빌
    려라.

22. '오늘 좋은 일이 일어납니다'를 붙여놓아라. 놀라운 변화가 일어난다.

23. 화려한 무늬의 커튼은 재산을 줄게 한다. 차분한 색상으로 바꿔라.

24. 소파는 거실에 맞게 하라. 너무 크거나 고급품이면 사람이 들러리가 된다.

25. 아무리 비싼 소파도 낡았으면 버려라. 나쁜 기가 배어 있다.

26. 백열등과 형광등은 잡신이 좋아한다. 삼파장이나 LED로 교체하라.

27. 긍정적인 책은 악령이 싫어한다. 곳곳에 놓아둬라.

28. 조명기구와 침대 밑에는 먼지가 쌓인다. 더러운 곳에는 잡신이 서식한다.

29. 밤새도록 조명을 켜두면 화초가 죽는다. 화초도 잠을 자야 한다.

30. 사람 키만한 관엽식물은 치워라. 식물이 주인 노릇을 하려 든다.

31. 식탁 조명은 식복과 관계된다. 단조로운 것으로 분위기를 연출하라.

32. 식탁 조명 기구는 고급스러운 것도 좋다. 주인도 고급이 된다.

33. 부엌을 어둡게 하지 말라. 잡귀가 장난친다.

34. 냉장고와 전자레인지는 사이를 둬라. 수화(水火)가 상극하면 좋지 않다.

35. 집안을 깨끗하게 정리정돈하라. 지저분한 집은 될 일도 안 된다.

36. 식탁 위에 약병을 두면 환자가 생긴다. 빨리 치워라.

37. 냉장고의 악취는 나쁜 영향을 미친다. 대청소하고 사용하라.

38. 전자레인지의 핸들, 후드의 기름 때를 제거하라. 그냥두면 나쁜 일이 생긴다.


운을 부르는 말과 행동 50

39. 식칼을 아무렇게나 놓지 말라. 가족이 다치거나 돈이 모이지 않는다.

40. 수납하는 칼꽂이를 마련하라. 흉한 기운을 길하게 바꿔놓는다.

41. 명당도 마음 상이 삐둘어져 있으면 흉가가 된다. 마음을 잘 써라.

42. 베개 커버는 청색으로 하라. 산소 베개는 수면과 건강을 좋게 한다.

43. 머리를 북쪽이나 화장실 쪽으로 두고 자면 병이 난다. 방향을 바꿔라.

44. 침대 커버는 은은한 것으로 하라. 화려하면 바람이 난다.

45. 노란색도 금전운을 상승시킨다. 방위에 맞게 사용하라.

46. 석류나 석류 그림을 침실에 걸면 임신한다. 불임인 사람은 참고하라.

47. 침실은 적당히 어둡게 하라. 숙면은 운을 좋게 하여 재물이 쌓인다.

48. 실내에 물이 생기는 집은 흉가가 된다. 제습기를 이용하라.

49. 소음이 심한 집은 어려운 일이 많다. 소음 차단 시설을 하라.

50. 침실 커튼은 2중으로 하라. 빛과 소음. 단열효과가 있다.

51. 공부방은 세로 스트라이프 무늬의 커튼이 좋다. 신경 써라.

52. 존경하는 사람의 사진을 걸어둬라. 자녀의 운명도 그분을 닮는다.

53. 교훈이 되는 글귀를 붙여둬라. 그 에너지가 자녀에게 전달된다.

54. 책상은 북쪽을 향해 놓아라. 차분한 분위기에서 공부할 수 있다.

55. 자녀에게는 칭찬과 격려가 보약이다. 칭찬으로 안 되는 것은 무엇으로도 안 된다.

56. 자녀에게 공부하라고 말하지 말라. 같이 공부하는 부모가 되라.

57. 50분 공부 10분 휴식을 정확히 지켜라. 쉬는 시간은 충전하는 시간이다.

58. 휴식시간에 명상을 하라. 3배의 능력이 나타난다.

59. 책상 위가 지저분하면 성적이 떨어진다. 정리정돈을 잘하라.

60. 학생 방에 전자제품은 해롭다. TV, PC, 스마트폰, 헤어드라이어 등을 치워라.

61. 사람이 안 오는 집은 잡신이 침입한다. 이웃과 교류하라.

62. 유리나 대리석 테이블은 음기가 나온다. 커버를 씌우거나 매트를 깔아라.

63. 집 이름을 만들어라. 〈행복이 꽃피는 집〉이란 옥호를 붙이고 부자가 된 사람도
    있다.

64. 집에서 쓰는 언어가 가운을 좌우한다. 〈흥하는 말씨 망하는 말투〉를 참고하라.

65. 흉한 말을 하다 보면 흉가가 된다. 덕담만 사용하라.

66. 가족들이 일을 분담하라. 일은 노동이 아니라 수행이다.

67. 아침 저녁 자신의 신에게 기도하라. 집안이 안정되고 번창한다.

68. 식사할 때 기도하라. 음식이 모두 보약으로 변한다.

69. 날마다 감사한 일 5개씩 적어라. 한순간에 기적이 일어난다.

70. 서재를 만들고 좋은 책을 소장하라. 가운이 변하고 자녀들도 달라진다.

71. 화장실을 뽀송뽀송하게 하라. 습하면 잡귀가 들끓는다.

72. 화장실의 격이 높아지면 재운이 상승한다. 불결하면 방법이 없다.

73. 화장실 거울의 변색이나 금이 가면 교체하라. 놔두면 금가는 일이 생긴다.

74. 매일매일 청소하고 방향제를 사용하라. 화가 변해 복이 된다.

75. 화장실은 고급으로 하라. 이건희 회장은 취임하여 그룹 전체 화장실부터 바꿨다.

76. 소파에 누워서 TV 보지 말라. 나도 모르는 사이에 무기력해지고 환자가 된다.

77. TV를 오래 켜면 집안의 기운이 소진된다. 1시간 보았으면 1시간 꺼라.

78. 부엌에 씻지 않은 그릇을 쌓아두지 말라. 불운도 첩첩태산이 된다.

79. 식품 쓰레기는 그날로 버려라. 부패균은 잡귀와 동거동락한다.

80. 걸레와 행주는 삶아서 말려놓아라. 악취에 걸신이 달라붙는다.

81. 시계가 죽었으면 바로 전지를 바꿔라. 오래 놔두면 운도 죽는다.

82. 전등이 끊어지면 즉각 교체하라. 불이 꺼지면 불운이 시작된다.

83. 세면기, 싱크대, 화장실이 막히면 바로 뚫어라. 운이 막히는 징조다.

84. 지난 달력은 뜯어내라. 세월이 멈추면 어려운 일이 생겨난다.

85. 문 여닫을 때 삐걱대는 소리는 불길한 신호다. 경첩에 기름을 쳐라.

86. 벽과 장판의 곰팡이는 불운의 전조다. 곰팡이 제거 스프레이는 1만 원이다.

87. 천장과 벽지가 찢어지면 재물이 없어진다. 빨리 보수하라.

88. 가구나 집안의 문이 떨어지면 흉사가 생긴다. 미리 주의하라.

89. 3년 이상 안 입은 옷은 재활용함에 넣어라. 오래 두면 악귀가 붙는다.

90. 어떤 일이 있어도 화내지 말라. 회를 자주 내면 화가 닥친다.

91. 하루 한 가지씩 좋은 일을 행하라. 운에도 포인트가 쌓인다.

92. 정성으로 조상과 선령의 협조를 구하라. 변화가 나타난다.

93. 좋은 운의 사람이 오면 운도 채워진다. 수시로 모임을 가져라.

94. 집안에서는 큰 소리를 내지 말라. 싸우려면 밖에 나가서 하고 들어와라.

95. 빈 채로 방치하면 귀신의 집이 된다. 빈집이 쉽게 낡는 것도 이유가 있다.

96. 가신(家神)이 집을 관장한다. 그를 위해 감사 기도를 하라.

97. 웃는 얼굴은 복을 끌어온다. 마음 먹고 웃어라.

**98.** 즐거운 마음이 즐거운 집을 만든다. 작은 기쁨도 크게 느껴라.

**99.** 꿈을 잃지 말라. 꿈은 미래의 청사진이다.

**100.** 집은 큰데 사람이 적으면 흉가가 된다. 작은 데로 이사하라.